キャリア アップ
国語表現法

二十四訂版

丸山顯德 編著

嵯峨野書院

はじめに

　新型コロナウイルスの猛威により、コミュニケーションの景色が一変しました。感染防止のために人の移動が制限され、テレワークやオンライン授業が当たり前のものとなりました。大学や短大などでも、学生の皆さんが一堂に会して先生の授業を受けるという形に変化が起こりました。授業後に教卓に足を運んで質問するのではなく、メールやSNSを通じてやり取りする形も一般的になりました。

　このコロナ下の状況にあって、私たちのコミュニケーションの機会を支えたのは、情報通信技術（ICT）の発達でした。これからを生きる私たちは、ICTの成果を積極的に利用していかなければなりません。1980代後半に誕生した携帯電話は、ここ30数年間に大きな発達を遂げました。アナログでの通話がデジタルに変わり、文字データを送れるようになり、続いて静止画が、ついには動画が送信できるようになりました。近い将来、立体（3D）動画や匂いや触感などの情報も普通にやり取りできるようになるでしょう。そうすれば、文字を書いたりすることが、もどかしく感じられるようになるかもしれません。実際いま、街に溢れている広告のほとんどを、私たちは読まずに見るようになっています。「考える」よりも「感じる」ようになってきていると言ってもよいでしょう。

　このテキストは、このような時代に、皆さんに「考える」力を身につけてもらうように編集されました。「考える」力とは、多様な情報を取捨選択し、正確かつ的確にインプットする「理解力」と、自らアウトプットする「表現力」です。これからますますグローバル化する国際社会のなかで、私たち個人の資質向上が欠かせないという事実は今も昔も変わりません。

　このテキストは、入門期の学生の皆さんを対象にしています。常に時代に対応したテキストを目標にし、皆さんが「楽しく」「使いやすく」「力のつく」国語表現のテキストを目指しています。これからも内容の改善に努力を続けてまいります。

　本書をお使いくださる皆様のいっそうのご支援とご指導をお願い申し上げます。

編　者

目　次

扉イラスト　　平朝臣弥助

コラム

1・文字表現編

平仮名・片仮名の字形・字体

《表1　平仮名の字形》

一筆書	切れる	字　母
き	き	幾
さ	さ	左
そ	そ	曾曽
な	な	奈

　表1で取り上げた仮名について、小学校の教科書では「切れているタイプ」で書かれることが多い。しかし、明朝体活字は一筆書きタイプであり、手書きでも両方のタイプがある。どちらも正しい。

　もともと、平仮名は漢字を字母とした草仮名からできた。字母となる漢字は一つではなく、それらからできた仮名も一種類ではなかった。しかし、明治33年「小学校令施行規則」第一号表によって、いわゆる変体仮名が排除され、仮名は一種類のみとされたが、そのときもそれ以後も字形についてはどれを標準とすると示されたことはない。表1に示した字形の違いは文字の同一性を阻害しない。

　片仮名は漢字の一部または全部からできたものがほとんどである。表2に示した例は字体の違う別字であるので注意が必要である。

《表2　片仮名の字体》

	字　母	注意すべきこと
シ	之え	シ 左でそろえる
ソ	曾 曽	ソ 上でそろえる
ツ	川 [1]	ツ 上でそろえる
ヲ	[3]	筆順に注意
ン	レのようなはねる記号[2]	ン 左でそろえる

※1　州とする説もある　　　　※2　无とする説もある

第1課　漢字習得の近道

　漢字は約5万字ある（諸橋轍次編『大漢和辞典［修訂第二版］』大修館書店刊による。『今昔文字鏡』では約17万字）。この漢字の多くは、形声文字だと言われている。したがって、漢字習得の近道は、形声文字を学ぶことである。形声文字とは、「意味(部首)と発音」の両方が組み合わされて作られた漢字のことである。

　図表Aの○で示した漢字に共通する部首は「木偏」であり、いずれも木を連想させる。他方、□で示した同じ発音の漢字は、部首の違いによって意味が異なる。これによって形声文字が、「意味の部分と発音の部分」とから成り立っていることが分かる。

　次に、図表Bの漢字は、意味を示す部首が「木・氵・亻・馬」である。発音を示す部分は「主」（チュウ・ジュウ）である。「柱」は「木偏（木の意味）」と「主（発音チュウ）」から成り立つ。「注」は、「氵偏（水をそそぐ意味）」と「主（発音チュウ）」。「住」は、「人偏（人がすむの意味）」と「主（発音ジュウ）」。「駐」は、「馬偏（馬のとめる所から、車のとめる所の意味）」と「主（発音チュウ）」から成り立つ。

　形声文字の発音の部分にも意味が含まれることがあり、「会意形声文字」と呼ばれる。「花・靴・訛・罠・貨」の場合、「艹・革・言・罒・貝偏」は意味を示す部首である。これに対して「化（カ）」は発音を示す部分であるとともに、「化」は「化ける」という意味もあり、「（草が化ける）花」「（革が化ける）靴」「（言葉が変化する）訛」「（鳥をとる仕掛け）罠」「（お金が品物にかわる）貨」ということで、発音自体にも意味が含まれていることが分かる。

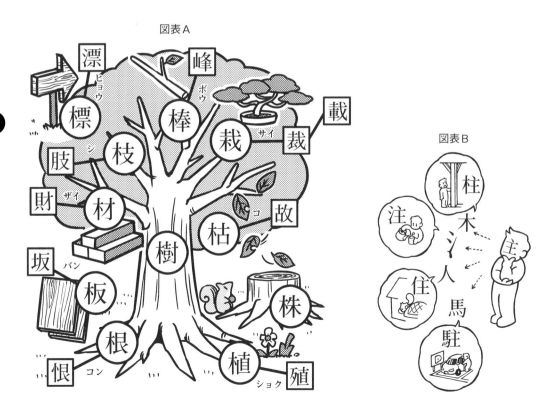

図表A

図表B

3

基本問題

① 次の部首の［名称］［意味］［組み立て］を下から選びなさい。また、それぞれの部首を使った漢字を5字ずつあげなさい。

(1) 彳　(2) 頁　(3) 忄　(4) 疒　(5) 广　(6) 辶　(7) 雨
(8) 口　(9) 氵　(10) 刂　(11) 冫　(12) 禾　(13) 巾　(14) 灬
(15) 金　(16) 宀　(17) 攵　(18) 王

［名　称］　まだれ　　たまへん　　あめかんむり　　はばへん　　しんにょう
ぎょうにんべん　さんずい　のぎへん　　くにがまえ　　おおがい　　りっとう
りっしんべん　にすい　　ぼくづくり　うかんむり　　れんが　　かねへん
やまいだれ

［意　味］ぬの　やね　たま　気象　心理　火　金属　いね
かたな　みず　みち　病気　うつ　あたま　こおる　かこい

［組み立て］へん　あし　たれ　つくり　かんむり　にょう　かまえ

② 次の漢字を、「部首」（意味）の部分と「発音」の部分に分けなさい。
(1) ① 帳　② 帆　③ 常　(2) ① 庁　② 店　③ 座　(3) ① 玲　② 鈴　③ 冷

応用問題

① 次の漢字の部首は何であるか、まず自分で考えて答えなさい。次に漢和辞典で調べなさい。同一漢字であっても辞典によって部首が異なることもあることに注意しなさい。
(1) 次　(2) 寒　(3) 窓　(4) 庫　(5) 相　(6) 敗　(7) 疑　(8) 腹　(9) 陸　(10) 郷

② 次の熟語は、部首が違うために意味が異なるものである。それぞれの熟語の意味の違いと熟語を用いた短文を例にしたがって答えなさい。
（例：①精算―金額などを細かく計算すること。「乗越し運賃を精算する」
②清算―これまでの関係や貸し借りにきまりをつけること。「過去を清算してまじめに働く」）
(1) ① 同士　② 同志　(2) ① 野生　② 野性　(3) ① 広報　② 公報　(4) ① 漂白　② 漂泊

③ 次の各問の七つの漢字の中には、それぞれ二つずつ部首の異なるものが入っている。その漢字と部首とを抜き出して、部首の名称を答えなさい。
（例：「虎」と「慮」が解答であった場合、「虎」の部首は虍（とらがしら）で「慮」の部首は心（こころ）である。したがって解答欄には［虎：虍：とらがしら］［慮：心：こころ］と記すこと）
(1) 間 問 開 関 閉 閣 聞　(2) 働 勝 勉 努 男 勇 務
(3) 魚 鳥 烈 焦 照 熱 煮　(4) 広 床 麻 店 庭 座 席

基本問題　　第1課　漢字習得の近道

①			名　称	意　味	組み立て	例
	(1)	彳				
	(2)	頁				
	(3)	忄				
	(4)	疒				
	(5)	广				
	(6)	辶				
	(7)	雨				
	(8)	口				
	(9)	氵				
	(10)	刂				
	(11)	冫				
	(12)	禾				
	(13)	巾				
	(14)	灬				
	(15)	金				
	(16)	宀				
	(17)	攵				
	(18)	王				

②			部　首	発　音		部　首	発　音		部　首	発　音
	(1)	①			②			③		
	(2)	①			②			③		
	(3)	①			②			③		

応用問題　　　　　　第1課　漢字習得の近道

		使用した漢和辞典		出版社		版	刷
	A					（　）版	（　）刷
	B					（　）版	（　）刷
		自分の解答	漢和辞典A	漢和辞典B	自分の解答	漢和辞典A	漢和辞典B
①	(1)				(2)		
	(3)				(4)		
	(5)				(6)		
	(7)				(8)		
	(9)				(10)		

②	(1)	①	
		②	
	(2)	①	
		②	
	(3)	①	
		②	
	(4)	①	
		②	

③	(1)		
	(2)		
	(3)		
	(4)		

学　年	クラス	学生証番号	氏　名	検　印

第 2 課　同音異義語

　国語辞典や漢和辞典に収録された漢字は二字構成の熟語が多い。それは、一字より二字の組み合わせのほうが分かりやすいからである。しかし、識別の難しいのが「同音異義語」である。同音異義語の簡単な識別方法はないのだろうか。

　「震動」「振動」という同音異義語がある。ある国語辞典は、「震動」は「小刻みに揺れ動くこと」、「振動」は「揺れ動くこと」（『新明解国語辞典』第 8 版）と説明している。別の辞典には、「震動」は「ふるえ動くこと、ふるい動かすこと」、「振動」は「ふるい動くこと。ふるい動かすこと」（『新潮国語辞典現代語・古語』第 2 版）とある。この説明では識別が困難である。

震 ＝ 雨〔自然現象〕＋辰〔発音〕

振 ＝ 手〔人為現象〕＋辰〔発音〕

　しかし、もっと便利な識別方法がある。「震動・振動」の違いは、漢字の部首（雨冠・手偏(てへん)）だけである。発音を示す「辰」は同じである。この場合の「雨冠」は自然現象を意味しており、「手偏」は人為現象を意味している。したがって自然現象で起こる事柄に用いるのが「震動」、人為現象で起こる事柄に用いるのが「振動」である。同音異義語の識別は部首（漢字の意味）によって可能なのである。

　なお、小まめに「同音異義語辞典」を利用し、実力を付けていこう（旺文社『まちがいやすい同音語の漢字使い分け辞典』、角川書店『漢字の用法』3 訂版などがある）。

基本問題

① 次の空欄に入る同じ読みの熟語を右のア～ケから選んで答えなさい。

(1) ① 月は地球の（　　　）である。
　　② 飲食業は厨房の（　　　）に配慮しなくてはならない。
　　③ スイスは（　　　）中立国である。
(2) ① 暖房中は部屋の（　　　）に注意する。
　　② オーディションに合格して（　　　）する。
　　③ 渡航中は盗難に遭わないよう注意を（　　　）する。
(3) ① ケアホームなどの福祉（　　　）の充実。
　　② 外国に文化（　　　）を派遣する。
　　③ プロ野球の（　　　）応援団を結成する。

ア	衛生
イ	喚起
ウ	私設
エ	換気
オ	使節
カ	衛星
キ	施設
ク	永世
ケ	歓喜

② 次の空欄に入る同じ読みの熟語を右から選んで答えなさい。

(1) ① 彼が書いた小説の（　　）を率直に述べる。

　　② 空気が（　　）しているときは火事に注意する。

　　③ 卒業生の（　　）会の幹事をする。

(2) ① 他人の土地へ不法に（　　）する。

　　② 雨水が家屋に（　　）する。

　　③ 電車がホームに（　　）する。

(3) ① 難しい言葉を別の言葉にすることを「（　　）」という。

　　② 顧客に利益を（　　）する。

　　③ キャッチセールスの（　　）にだまされない。

> 浸入
> 感想
> 甘言
> 換言
> 進入
> 歓送
> 侵入
> 乾燥
> 還元

③ 次の各文のカタカナ部分の熟語を右から選んで答えなさい。また、同音異義語の違いがはっきりわかるようにそれぞれの意味を書きなさい。

(1) ① この図形は、左右タイショウになっている。

　　② この二人は双子なのに性格がタイショウ的だ。

　　③ この番組は若者をタイショウとして制作された。

(2) ① 日米の貿易交渉は、本日もヘイコウ線をたどった。

　　② 猫はヘイコウ感覚が優れているので、高い塀の上も平気だ。

　　③ 阪神間では、JRと私鉄がヘイコウして走っている。

(3) ① 営業部から広報部へのイドウの辞令が出た。

　　② 両者にイドウはない。

　　③ 家具をイドウさせる。

(4) ① 輸入商品のキセイ緩和は必ずしも消費者に有利ではない。

　　② キセイ概念にとらわれていると新商品は開発できない。

　　③ 私の体型だと、キセイ服ではなかなか合わない。

(5) ① 飛行機事故で犠牲者の遺族とホショウ交渉を行う。

　　② 国連の安全ホショウ理事会が開催される。

　　③ 脱サラして会社を興しても、成功するというホショウはどこにもない。

平行	異同
既成	対称
並行	保証
規制	対象
保障	移動
既製	平衡
対照	異動
補償	

応用問題

① 「制作」は芸術作品を作ること、「製作」は道具を作ること、という区別がある。「制」と「製」の意味の違いを国語辞典または漢和辞典で調べて説明しなさい。

② 「食料」は主食以外の食べ物、あるいは食事の材料や代金を指し、「食糧」は主食となる食べ物を指す言葉である。「料」と「糧」の意味の違いを国語辞典または漢和辞典で調べて説明しなさい。

基本問題									第 2 課　同音異義語	

❶

	(1)	①	②	③	(2)	①	②	③	
	(3)	①	②	③					

❷

	(1)	①	②	③
	(2)	①	②	③
	(3)	①	②	③

❸

	(1)	①
		②
		③
	(2)	①
		②
		③
	(3)	①
		②
		③
	(4)	①
		②
		③
	(5)	①
		②
		③

学　年	クラス	学生証番号	氏　　名	検　印

9

応用問題	第2課　同音異義語
①	
②	

「専」の右肩には点がつかない!?

　「博・恵・敷・薄・専・補・簿・穂」などの漢字で、右肩の「、」が必要かどうか
で迷うことがある。答えは簡単で「ハヒフヘホ」の発音をする字には「、」がつく。
すでに解説したように、漢字の多くは形声文字である。形声文字は「意味（部首）」
と「発音」からなっている。ここに掲げた漢字の正字（旧字）は、「博・恵・敷・
薄・専・簿・穂」である。このうち、「博・敷・薄・簿」で発音を示しているのは、
「甫」であり、発音は「ホ・フ」である。この「甫」が字体の簡略化で「甫」にな
ったのであるから右肩に「、」がつく。一方の「恵・専・穂」は「甫」であるから、
別系統の文字で、これには「、」がつかない。形声文字の発音の部分にも留意してお
くと、漢字の書き間違いが少なくなる。

簡略字　博・敷・薄・簿・恵・専・穂

旧　字　博・敷・薄・簿・恵・専・穂
　　　　ハク　フ　ハク　ボ　ケイ　セン　スイ

　　　　　甫→甫（発音）　　　　　　甫→甫（糸まきの象形）
　　　　　ホ・フ

第 **3** 課　同訓異義語

　『一休咄』という書物にこんな話が載っている。一休さんを困らせてやろうと、ある旦那が一休さんを家に呼び、家の前の橋に「このはしを渡る事かたく禁制なり」と書いた高札を立てた。ところが一休さんは平気で橋を渡ってくる。旦那がとがめると、「いえ、はしは渡っていません。真ん中を渡ってきました」とすまして答えた、という話である。「橋」も「端」もどちらも「はし」と読むことを逆手にとった、一休さんの頓智であった。

　このように、漢字を用いないで平仮名だけで書いた場合、しばしば読む人に誤解を与えることがある。「はし」の場合は単純な例であるが、同じ読みで意味が微妙に異なる漢字は誤って使われることがある。漢字にはそれぞれに多様な意味と複数の読みとがある。同じ読みの漢字も数多く、それぞれの漢字の用法の違いを正しく理解して、文の中で使い分けをしていかなければならない。この課では、漢字の訓読みが同じで文字の異なる「同訓異義語」について学ぶこととする。

基本問題

① 　「捜す」はどこかゆくえの分からなくなったものをさがす場合、「探す」は未知のものをさがす場合に用いられる。これを熟語にするとそれぞれ「捜索」と「探検」になる。次の空欄に「捜・探」どちらの漢字が入るか答えなさい。
　(1) 1人暮らしをするための空き家を□す　(2) 新しい職を□す
　(3) 無くした財布を□す　　　　　　　　(4) いなくなったペットを□す
　(5) ヒマラヤの雪男を□す

② 　次の文の空欄には「かえる」と読む漢字が入る。最も適切な漢字を答えなさい。またそれを熟語にしなさい。熟語は、下のア〜カから選ぶこと。
　（例：自宅に□る 。漢字：帰　熟語：帰宅）
　(1) 財布が持ち主に□る　　　　　　(2) 古い電池を新しいものに□える
　(3) 宇宙船が無事、地球に□る　　　(4) 円をドルに□える
　(5) 野球の試合で選手を□える　　　(6) 休暇をとって故郷に□る
　　〔ア　帰還　イ　交代　ウ　返却　エ　帰省　オ　換金　カ　交換〕

③ 　「とる」という訓を持つ漢字を、5字あげなさい。また、それぞれを適切に用いた短文を、例にしたがって二つずつ書きなさい（例にあげた「取」は除く）。
　（例：取―資格を取る・連絡を取る）

④ 　「図、計、測、量、謀、諮」の意味と用法の違いを調べなさい。
　（解答例：図―相談する。考えて工夫する。質問する。熟語：意図）

応用問題

① 次の文のカタカナを適切な漢字に直しなさい。ただし、答えは一つとは限らない。

（ヒント：その漢字を用いた熟語を思い浮かべてみよう。「オカす」の場合、①罪をオカす→犯罪、②国境をオカす→侵略、③胸をオカす→感冒）

(1) ① 薬が<u>キ</u>く
② 機転が<u>キ</u>く
③ 音楽を<u>キ</u>く
④ 人の話を<u>キ</u>く

効・聴
聞・利

(2) ① 成功を<u>オサ</u>める
② 税金を<u>オサ</u>める
③ 領地を<u>オサ</u>める
④ 学業を<u>オサ</u>める

修・収
治・納

(3) ① 多数を<u>シ</u>める
② 首を<u>シ</u>める
③ 戸を<u>シ</u>める
④ 気を引き<u>シ</u>める

絞・占
締・閉

(4) ① 将棋を<u>サ</u>す
② とどめを<u>サ</u>す
③ 傘を<u>サ</u>す
④ 花瓶に花を<u>サ</u>す

差・刺
挿・指

(5) ① ため息を<u>ツ</u>く
② 電灯が<u>ツ</u>く
③ 駅に<u>ツ</u>く
④ 新しい職に<u>ツ</u>く

就・着
点・吐

(6) ① 辞書を<u>ヒ</u>く
② 人目を<u>ヒ</u>く
③ 車に<u>ヒ</u>かれる
④ ピアノを<u>ヒ</u>く

引・弾
惹・轢

(7) ① よい結果を<u>ウ</u>む
② 傷口が<u>ウ</u>む
③ 仕事に<u>ウ</u>む
④ 子供を<u>ウ</u>む

倦・産
生・膿

(8) ① 骨を<u>ツ</u>ぐ
② 志を<u>ツ</u>ぐ
③ 酒を<u>ツ</u>ぐ
④ 東京に<u>ツ</u>ぐ大都市

次・継
接・注

② 次の文のカタカナを適切な漢字に直しなさい。ただし、答えは一つとは限らない。

(1) ① <u>アツ</u>い湯をかける
② <u>アツ</u>い紙に書く
③ <u>アツ</u>い夏を乗り切る

厚・暑
熱

(2) ① 議事を<u>スス</u>める
② 保険を<u>スス</u>める
③ 候補者として<u>スス</u>める

勧・進
薦

(3) ① 故人を<u>イタ</u>む
② 傷口が<u>イタ</u>む
③ りんごが<u>イタ</u>む

傷・痛
悼

(4) ① 書物を<u>アラ</u>わす
② 姿を<u>アラ</u>わす
③ 怒りを<u>アラ</u>わす

現・著
表

(5) ① 犬を飼い<u>ナ</u>らす
② 先例に<u>ナラ</u>う
③ ピアノを<u>ナラ</u>う

慣・習
倣

(6) ① 聞くに<u>タ</u>えない
② 送金が<u>タ</u>える
③ 痛みに<u>タ</u>える

堪・絶
耐

基本問題　　　　第 3 課　同訓異義語

① (1)　(2)　(3)　(4)　(5)

②
(1) 漢字：　熟語：	(2) 漢字：　熟語：
(3) 漢字：　熟語：	(4) 漢字：　熟語：
(5) 漢字：　熟語：	(6) 漢字：　熟語：

③

④
計：

測：

量：

謀：

諮：

学　年	クラス	学生証番号	氏　名	検　印

応用問題　　　　　　　　　　第3課　同訓異義語

①	(1)	①	②	③	④
	(2)	①	②	③	④
	(3)	①	②	③	④
	(4)	①	②	③	④
	(5)	①	②	③	④
	(6)	①	②	③	④
	(7)	①	②	③	④
	(8)	①	②	③	④
②	(1)	①	②	③	
	(2)	①	②	③	
	(3)	①	②	③	
	(4)	①	②	③	
	(5)	①	②	③	
	(6)	①	②	③	

呉音・漢音・唐音

　漢字の音読みは、中国での音を日本人が真似ようとしたものである。それらは、伝来の時代や文化的背景の違いから「呉音」「漢音」「唐（宋）音」の三つに分けられる。「呉音」は6世紀以前に伝わった古い音で、「極楽・成就・留守・正月・兄弟」など、仏教用語や日本に早くから定着した語に残っている。「漢音」は7・8世紀に遣唐使たちによって導入された音で、漢文訓読にはこれを用い、現在の音読みの中心となった。「唐音」は11世紀以後の比較的新しい音で、「宋音」ともいう。その用例は少ないが、「清国・南京・看経・蒲団・椅子・饅頭」など、中国の地名、禅宗用語、生活用語の中に生きている。

第 **4** 課　音訓と熟語

　今やパソコンさえあれば、誰でも簡単に仮名を漢字にすることができるようになった。今後、難しい漢字を手書きする機会はさらに減少し、漢字や熟語は「書ける」ことよりも「読める」ことの方が重要になる。平成22年に内閣告示された「改定常用漢字表」2136字（「常用漢字表」に196字追加、5字削除）も「読める」ことに重きを置いている。

　この課では、漢字の「読み」の多様性・重要性を知ることで、漢字に対する意識を高めることを目標とする。

1．「音読み」と「訓読み」
2．「音読み」には呉音・漢音・唐音がある（☞14ページのコラム）
3．「訓読み」は一字一訓とは限らない
4．2字以上の漢字からなる語

a	訓訓で読む語	（例：言葉　宛名）
b	音音で読む語	（例：国語　表現）
c	音訓で読む「重箱読み」の語	（例：半年　本棚　団子　献立　軍手　台所）
d	訓音で読む「湯桶読み」の語	（例：黒字　株式　野宿　夕刊　消印）
e	慣用的な読み方・熟字訓	（例：飛鳥　所謂）

基本問題

①　次の空欄には訓が異なる同じ漢字が入る。その漢字（1字）を右欄から選び、それぞれの訓読みを答えなさい。

(1) ① 仕事が（　）い。
　　② わさびが（　）い。

(2) ① ご飯が（　）い。
　　② 力が（　）い。

(3) ① 追っ手から（　）れる。
　　② 追っ手から（　）げる。

(4) ① 火を（　）ける。
　　② 火を（　）す。

(5) ① 本を（　）す。
　　② 変化が（　）しい。

(6) ① 赤ちゃんが（　）まれた。
　　② 花を（　）ける。

> 強・辛
> 生・著
> 点・逃

②　次の空欄には音が異なる同じ漢字が入る。その漢字（1字）を右欄から選び、それぞれの**熟語**の読みを答えなさい。（ヒント：①は呉音、②は漢音、③は唐音。☞14ページのコラム参照）

(1) ① 宵の（　）星。
　　② 単純（　）快な返答。
　　③ ゴシック体と（　）朝体。

(2) ① （　）政改革を行う。
　　② 実力（　）使に出る。
　　③ 諸国（　）脚の旅。

(3) ① 内科と（　）科。
　　② 意（　）な結末。
　　③ お菓子は（　）郎が好きだ。

(4) ① 神仏を勧（　）する。
　　② （　）願書を提出する。
　　③ 屋根を普（　）する。

> 明・請
> 行・外

15

応用問題

① 下線部は間違った漢字を1つだけ含んでいる。国語辞典で意味を調べ、下線部全体を正しい文字で書き直しなさい。

(1) 最大もらさず調べ上げる。　(2) 俺とお前は一身同体だ。

(3) 犯人には土地感があるはずだ。　(4) 留飲が下がる思いだ。

(5) 勝つに決まっていると嘯ぶく。　(6) あの人は悪の強い人だ。

(7) 今日は一丁羅を着ていこう。　(8) 衆人監視の中で起こった犯罪。

(9) つば競り合いを演じた。　(10) 万場一致で可決された。

(11) 十分休養して鋭気を養う。　(12) 苦汁の決断をする。

(13) 今年も春乱漫となった。　(14) 彼は賢実な人だ。

(15) A氏とB氏はこの分野の双壁だ。　(16) 短刀直入に言う。

② 次の熟語の読みを答えなさい。

(1) 欠伸	(2) 引率	(3) 内訳	(4) 演繹	(5) 落度
(6) 割愛	(7) 机上	(8) 忌引	(9) 工面	(10) 稀有
(11) 懸念	(12) 嫌悪	(13) 指図	(14) 昨今	(15) 支度／仕度
(16) 市井	(17) 執行	(18) 所望	(19) 出納	(20) 相殺
(21) 知己	(22) 続柄	(23) 適宜	(24) 添付	(25) 頭取
(26) 貪欲	(27) 薄給	(28) 暴露	(29) 凡例	(30) 歩合
(31) 発端	(32) 土産	(33) 面目	(34) 遊説	(35) 猶予
(36) 所以	(37) 勧告	(38) 履行	(39) 臨床	(40) 廉売

③ 次の熟語（すべて動植物の名称）の読みを答えなさい。

(1) 百足	(2) 蜻蛉	(3) 孔雀	(4) 兜虫	(5) 蝸牛
(6) 山羊	(7) 秋刀魚	(8) 河豚	(9) 海老	(10) 蜘蛛
(11) 南瓜	(12) 西瓜	(13) 糸瓜	(14) 蜜柑	(15) 茄子
(16) 団栗	(17) 向日葵	(18) 菖蒲	(19) 牡丹	(20) 土筆

④ 次の熟語の読みを答えなさい（「改定常用漢字表」の追加字(30ページ参照)を含む）。

(1) 咽喉	(2) 毀損	(3) 雑巾	(4) 脊髄	(5) 唾棄
(6) 傲慢	(7) 妖艶	(8) 叱責	(9) 氾濫	(10) 膝頭
(11) 臆病	(12) 溺愛	(13) 隠蔽	(14) 湧出	(15) 滑稽
(16) 僅差	(17) 頓挫	(18) 萎縮	(19) 焦眉	(20) 肥沃
(21) 苛酷	(22) 破綻	(23) 罵倒	(24) 慄然	(25) 出藍
(26) 曖昧	(27) 憂鬱	(28) 潰瘍	(29) 籠城	(30) 捻出
(31) 陶冶	(32) 山麓	(33) 畏怖	(34) 辛辣	(35) 遡(溯)及
(36) 明瞭	(37) 斑点	(38) 右舷	(39) 勃興	(40) 嗅覚

基本問題

第 4 課　音訓と熟語

❶

			①				①
	(1)		②		(2)		②
	(3)		①		(4)		①
			②				②
	(5)		①		(6)		①
			②				②

❷

		①	②	③
	(1)	①	②	③
	(2)	①	②	③
	(3)	①	②	③
	(4)	①	②	③

応用問題

❶

	(1)	(2)	(3)
	(4)	(5)	(6)
	(7)	(8)	(9)
	(10)	(11)	(12)
	(13)	(14)	(15)
	(16)		

❷

	(1)	(2)	(3)	(4)
	(5)	(6)	(7)	(8)

学　年	クラス	学生証番号	氏　名	検　印

応用問題		第4課　音訓と熟語	

	(9)	(10)	(11)	(12)
②	(13)	(14)	(15)	(16)
	(17)	(18)	(19)	(20)
	(21)	(22)	(23)	(24)
	(25)	(26)	(27)	(28)
	(29)	(30)	(31)	(32)
	(33)	(34)	(35)	(36)
	(37)	(38)	(39)	(40)
③	(1)	(2)	(3)	(4)
	(5)	(6)	(7)	(8)
	(9)	(10)	(11)	(12)
	(13)	(14)	(15)	(16)
	(17)	(18)	(19)	(20)
④	(1)	(2)	(3)	(4)
	(5)	(6)	(7)	(8)
	(9)	(10)	(11)	(12)
	(13)	(14)	(15)	(16)
	(17)	(18)	(19)	(20)
	(21)	(22)	(23)	(24)
	(25)	(26)	(27)	(28)
	(29)	(30)	(31)	(32)
	(33)	(34)	(35)	(36)
	(37)	(38)	(39)	(40)

第 **5** 課　熟語の構造

　漢字は一字一字がさまざまな意味を持っている。その漢字を二つ以上組み合わせて、一つの意味を表わしたものが熟語である。熟語の構造を学ぶことは、熟語を正しく理解するために大切である。また、未習得の熟語の意味を類推する助けともなる。

　膨大な数にのぼる熟語を利用しやすい方法で分類する試みは、漢和辞典などでいろいろとなされてきた。この課では「公益財団法人　日本漢字能力検定協会」の示す方法に準じて分類しておく。

　１．同じ意味の漢字の組み合わせ　　　　　　　　　　　　　例：豊富　言語　機器
　２．反対の意味、対応の意味を持つ漢字の組み合わせ　　　　例：高低　断続　今昔
　　※「異同」のように一方の漢字の意味だけを表したり、
　　　「動静」のように本来の意味から転じたものもある。
　３．上の漢字が下の漢字を修飾するもの　　　　　　　　　　例：美女　物価　楽勝
　４．下の漢字が上の漢字の目的語や補語になるもの　　　　　例：握手（手を握る）
　　　　　　　　　　　　　　　　　　　　　　　　　　　　　　　登山（山に登る）
　５．上の漢字が主語、下の漢字が述語になるもの　　　　　　例：人造（人が造る）
　　　　　　　　　　　　　　　　　　　　　　　　　　　　　　　日没（日が没する）
　６．上に被・所、下に性・然・化・的がついたもの　　　　　例：被服　所持　国民性
　　　　　　　　　　　　　　　　　　　　　　　　　　　　　　　必然　機械化　個人的
　７．否定の意味の漢字（不・無・非・未）が上についたもの　例：不惑　無難
　　　　　　　　　　　　　　　　　　　　　　　　　　　　　　　非常　未知

　そのほか、「人人」「悠悠」のように同じ漢字を重ねたものや、「亜米利加」「伊太利」「阿蘭陀」「独逸」「仏蘭西」「葡萄牙」「露西亜」「珈琲」のように外来語を表記するため音をあてたもの、「国連（国際連合）」「学割（学生割引）」のように略したものなどがある。

基本問題

①　次の熟語は解説文１〜７のどれにあてはまるか答えなさい。

⑴ 先発	⑵ 国立	⑶ 温暖	⑷ 点火	⑸ 離陸	⑹ 送迎	⑺ 未来
⑻ 献金	⑼ 寒流	⑽ 製菓	⑾ 聖火	⑿ 不安	⒀ 雷鳴	⒁ 道路
⒂ 善悪	⒃ 私的	⒄ 無限	⒅ 船舶	⒆ 就職	⒇ 吉凶	㉑ 濃淡
㉒ 地震	㉓ 借金	㉔ 国旗	㉕ 非常	㉖ 明暗	㉗ 早熟	㉘ 尊敬

応用問題

①　次の空欄は「不・無・非・未」のいずれかの１つを含む熟語である。左の熟語と反対の意味になる熟語を解答欄に記入しなさい。なお、複数該当する場合もある。

　⑴ 円満 −□□　　　⑵ 平凡 −□□　　　⑶ 多勢 −□□　　　⑷ 完備 −□□
　⑸ 既決 −□□　　　⑹ 平穏 −□□　　　⑺ 有事 −□□　　　⑻ 成熟 −□□

(9) 天才－□□   (10) 誠実－□□   (11) 道理－□□   (12) 必滅－□□

② 次の空欄に適切な漢字を入れ、解説文２の形になる熟語を完成させなさい。

（ヒント：漢字の訓読み（意味）に戻って考えてみよう）

(1) □横   (2) 虚□   (3) 賞□   (4) 諾□   (5) 真□   (6) 去□

(7) 進□   (8) □乱   (9) □直   (10) □鈍   (11) 出□   (12) 尊□

(13) 官□   (14) □欠   (15) 文□   (16) □憎   (17) 安□   (18) 与□

③ 次のカタカナを漢字に直し、その熟語の構造が解説文１～７のいずれにあたるか答え
なさい。

(1) ① 事故でフショウした。   ② 竹取物語の作者はフショウだ。

(2) ① 今朝は８時にキショウした。   ② 彼女はキショウの激しい人だ。

(3) ① 観客がカンセイをあげる。   ② 提出作品がカンセイした。

(4) ① 試験のカイトウ用紙に書き込む。   ② アンケートにカイトウする。

(5) ① テンチ療養のため温泉地へ行く。   ② テンチ創造神話を語る。

チャレンジしよう！   以下の熟字訓の読み方を答えなさい。

①明日   ②小豆   ③海女・海士   ④硫黄   ⑤意気地
⑥田舎   ⑦息吹   ⑧海原   ⑨乳母   ⑩浮気
⑪浮つく   ⑫笑顔   ⑬叔父・伯父   ⑭大人   ⑮乙女
⑯叔母・伯母   ⑰お巡りさん   ⑱お神酒   ⑲母屋・母家   ⑳母さん
㉑神楽   ㉒河岸   ㉓鍛冶   ㉔風邪   ㉕固唾
㉖仮名   ㉗蚊帳   ㉘為替   ㉙河原・川原   ㉚昨日
㉛今日   ㉜果物   ㉝玄人   ㉞今朝   ㉟景色
㊱心地   ㊲居士   ㊳今年   ㊴早乙女   ㊵雑魚
㊶桟敷   ㊷差し支える   ㊸五月   ㊹早苗   ㊺五月雨
㊻時雨   ㊼尻尾   ㊽竹刀   ㊾老舗   ㊿芝生
51清水   52三味線   53砂利   54数珠   55上手
56白髪   57素人   58師走   59数寄屋・数奇屋   60相撲
61草履   62山車   63太刀   64立ち退く   65七夕
66足袋   67稚児   68一日   69築山   70梅雨
71凸凹   72手伝う   73伝馬船   74投網   75父さん
76十重二十重   77読経   78時計   79友達   80仲人
81名残   82雪崩   83兄さん   84姉さん   85野良
86祝詞   87博士   88二十・二十歳   89二十日   90波止場
91一人   92日和   93二人   94二日   95吹雪
96下手   97部屋   98迷子   99真面目   100真っ赤
101真っ青   102土産   103息子   104眼鏡   105猛者
106紅葉   107木綿   108最寄り   109八百長   110八百屋
111大和   112弥生   113浴衣   114行方   115寄席
116若人

基本問題　　　　　　　　　第 5 課　熟語の構造

①	(1)	(2)	(3)	(4)	(5)	(6)
	(7)	(8)	(9)	(10)	(11)	(12)
	(13)	(14)	(15)	(16)	(17)	(18)
	(19)	(20)	(21)	(22)	(23)	(24)
	(25)	(26)	(27)	(28)		

応用問題

①	(1)	(2)	(3)	(4)	(5)	(6)
	(7)	(8)	(9)	(10)	(11)	(12)

②	(1)	(2)	(3)	(4)	(5)	(6)
	(7)	(8)	(9)	(10)	(11)	(12)
	(13)	(14)	(15)	(16)	(17)	(18)

③	(1)	①		②	
	(2)	①		②	
	(3)	①		②	
	(4)	①		②	
	(5)	①		②	

学　年	クラス	学生証番号	氏　名	検　印

字形と字体

平成28年2月29日文化審議会国語分科会報告「常用漢字表の字体・字形に関する指針」によれば、手書き文字の字形と印刷文字の字形とは必ずしも一致しないことを、当用漢字字体表・常用漢字表に付した「字体についての解説」において60年以上にわたって示してきたが、いまだに十分に理解されておらず、そのため、本来問題とする必要のない細部の形状が正誤の基準とされたり、どちらかが誤った字形であると見なされたりする状況が生じている。これを改善するため、改めてこの指針を作成したという。

以下にこの報告に示された例を示す。

左側に明朝体（印刷文字）、右側にそれを手書きした例を示す。いずれも正しい字体である。

1　明朝体に特徴的な表現の仕方があるもの

衣 — 衣　　去 — 去　　玄 — 玄　　人 — 人　　家 — 家

北 — 北　　芝 — 芝　　史 — 史　　入 — 入　　八 — 八

子 — 子　　手 — 手　　了 — 了　　辶・辶 — 辶　　竹 — ⺮

心 — 心

2　筆写の楷書では、いろいろな書き方があるもの

雨 — 雨 雨　　戸 — 戸 戸 戸　　無 — 無 無　　風 — 風 風

比 — 比 比　　仰 — 仰 仰　　糸 — 糸 糸　　礻 — 礻 礻

礻 — 礻 礻　　主 — 主 主　　言 — 言 言　　年 — 年 年 年

又 — 又 又　　文 — 文 文　　月 — 月 月　　条 — 条 条

保 — 保 保　　奥 — 奥 奥　　公 — 公 公　　角 — 角 角

骨 — 骨 骨　　切 — 切 切 切　　改 — 改 改 改　　酒 — 酒 酒

陸 — 陸 陸 陸　　穴 — 穴 穴 穴　　木 — 木 木　　来 — 来 来

糸 — 糸 糸　　牛 — 牛 牛　　環 — 環 環　　令 — 令 令

外 — 外 外 外　　女 — 女 女　　叱 — 叱 叱 叱

3　筆写の楷書字形と印刷文字字形の違いが、字体の違いに及ぶもの

以下に示す例で、括弧内は印刷文字である明朝体の字形に倣って書いたものであるが、筆写の楷書ではどちらの字形で書いても差し支えない。なお、括弧内の字形の方が，筆写字形としても一般的な場合がある。

淫 — 淫（淫）　　恣 — 恣（恣）　　煎 — 煎（煎）　　嘲 — 嘲（嘲）

溺 — 溺（溺）　　蔽 — 蔽（蔽）　　葛 — 葛（葛）　　嗅 — 嗅（嗅）

僅 — 僅（僅）　　餌 — 餌（餌）　　箋 — 箋（箋）　　填 — 填（填）

賭 — 賭（賭）　　頰 — 頰（頰）　　惧 — 惧（惧）　　稽 — 稽（稽）

詮 — 詮（詮）　　捗 — 捗（捗）　　剝 — 剝（剝）　　喩 — 喩（喩）

参照：文化庁「国語施策の紹介」YouTube（https://www.youtube.com/watch?v=XTOjRq478vs）

平成28年2月29日文化審議会国語分科会「常用漢字表の字体・字形に関する指針（報告）」による

第 **6** 課　四字熟語

　新聞や雑誌などに科学技術の「日進月歩」の様子を強調する記事が載ったり、受験生の合格体験記に「一心不乱」に勉強したと記されたりする。また、選挙演説で「公明正大」「誠心誠意」などが用いられることもある。このように四字熟語は一般の文章や挨拶の中でしばしば用いられている。適切に四字熟語を使用すると、その文章や場が引き締まる。四字熟語は文章や場を引き締めるのに役に立つが、多用すると雰囲気を損なってしまうこともある。

基本問題

① 　次の四字熟語の読みを答えなさい。

(1) 順風満帆　　(2) 臨機応変　　(3) 有為転変　　(4) 前代未聞　　(5) 千変万化

(6) 厚顔無恥　　(7) 老若男女　　(8) 言語道断　　(9) 沈思黙考　　(10) 傍若無人

(11) 曖昧模糊　　(12) 紆余曲折　　(13) 侃々諤々　　(14) 換骨奪胎　　(15) 起死回生

(16) 自業自得　　(17) 切磋琢磨　　(18) 内憂外患　　(19) 本末転倒　　(20) 流言飛語

② 　次の空欄部分に適当な漢数字を入れて四字熟語を完成させなさい。

(1) □方美人　　(2) □刀両断　　(3) □里霧中　　(4) 孟母□遷　　(5) □律背反

(6) □鬼夜行　　(7) □網打尽　　(8) □挙両得　　(9) □触即発　　(10) □苦□苦

(11) 朝□暮□　　(12) □死□生　　(13) □面□臂　　(14) □期□会　　(15) □寒□温

(16) □人□色　　(17) 朝□夕□　　(18) □角□面　　(19) 再□再□　　(20) □載□遇

(21) □攫□金　　(22) □転□倒　　(23) □石□鳥　　(24) 首尾□貫　　(25) 波瀾□丈

③ 　次の(1)〜(4)の四字熟語（故事成語）にあてはまる意味（ア〜エ）と故事（a〜d）を選び、記号で答えなさい。

(1) 四面楚歌　　(2) 羊頭狗肉　　(3) 臥薪嘗胆　　(4) 蛍雪之功

【意味】

ア　見かけが立派で実質が伴わないこと。

イ　周囲がみな敵や反対者ばかりであること。

ウ　将来の成功を期して長い間苦難を忍ぶこと。

エ　苦労して学問すること。

【故事】

a　晋の車胤は蛍の光で、孫康は雪明かりで書を読んだ（『日記故事』）。

b　羊の頭を看板に出しながら、実際には狗の肉を売った（『後漢書』光武紀）。

c　楚の項羽が垓下で漢の劉邦の軍に囲まれた時、夜更けて四面の漢軍中から盛んに楚国の歌が起るのを聞いて、楚の民がすべて漢に降ったのかと、驚き嘆いた（『史記』項羽本紀）。

d　呉王夫差は薪の上に臥し、越王勾践は苦い胆を嘗めて仇を忘れまいとした（『史記』越世家）。

応用問題

① 次にあげる四字熟語は下線部の漢字を誤って用いている。四字熟語全体を正しく書き直しなさい。

(1) 意思<u>標</u>示　　(2) 意味<u>慎重</u>　　(3) 初志<u>完</u>徹　　(4) 危機一<u>発</u>　　(5) 汚名<u>返状</u>

(6) 異<u>句</u>同音　　(7) 興味深<u>深</u>　　(8) <u>個</u>有名詞　　(9) 質議<u>応</u>答　　(10) 最<u>少</u>限度

(11) 思考<u>錯</u>誤　　(12) 心<u>気</u>一転　　(13) 晴天<u>白</u>日　　(14) 責任転<u>化</u>　　(15) 絶<u>対</u>絶命

(16) 時機<u>尚</u>早　　(17) 温<u>古</u>知新　　(18) 抱<u>復</u>絶倒　　(19) 挙動不<u>信</u>　　(20) 同<u>巧</u>異曲

② 次にあげる四字熟語の後半の漢字を、下の漢字群の中から選びなさい。また、その意味をア～コの中から選び、記号で答えなさい。

(1) 一陽（　　）　　(2) 森羅（　　）　　(3) 行雲（　　）　　(4) 山紫（　　）

(5) 明鏡（　　）　　(6) 泰山（　　）　　(7) 威風（　　）　　(8) 気宇（　　）

(9) 花鳥（　　）　　(10) 乾坤（　　）　　(11) 呉越（　　）　　(12) 大器（　　）

万	同	斗	流	堂
舟	水	大	擲	水
来	明	堂	一	晩
成	壮	復	止	風
北	月	水	象	

ア　態度に威厳があって堂々としていること

イ　運命を賭けて大勝負をすること

ウ　苦しい時が過ぎ去って善い方向に向いてくること

エ　大人物ほど、立派に大成するまで長い年月がかかるということ。

オ　邪念のない静かに澄んだ心境のこと

カ　心構えが大きく立派であること

キ　自然の美しい風景

ク　その道で大家として仰ぎ尊ばれる人

ケ　宇宙間に存在する数限りない一切のものごと

コ　仲の悪い者が同じ所にいること。または同じ目標で協力すること。

サ　他の力に逆らわないで、自然のまま行動すること

シ　山川の景色の清らかで美しいこと

基本問題　　第 6 課　四字熟語

❶

(1)	(2)	(3)
(4)	(5)	(6)
(7)	(8)	(9)
(10)	(11)	(12)
(13)	(14)	(15)
(16)	(17)	(18)
(19)	(20)	

❷

(1)	(2)	(3)	(4)	(5)	(6)
(7)	(8)	(9)		(10)	
(11)		(12)		(13)	
(14)		(15)		(16)	
(17)		(18)		(19)	
(20)		(21)		(22)	
(23)		(24)	(25)		

❸

(1)	(2)	(3)
(4)		

学　年	クラス	学生証番号	氏　　名	検　印

応用問題　　第6課　四字熟語

①

(1)	(2)	(3)
(4)	(5)	(6)
(7)	(8)	(9)
(10)	(11)	(12)
(13)	(14)	(15)
(16)	(17)	(18)
(19)	(20)	

②

(1)	(2)	(3)
(4)	(5)	(6)
(7)	(8)	(9)
(10)	(11)	(12)

知っているようで知らなかったこんな言葉──「自由自在」

　自由とは、一般的な国語辞典では、「心のまま。思うとおり。わがまま。かって気まま。他から制約されずに自分の意志のままに行動できること」と説明されることが多い。そして英語のフリーダムやリバティーの訳語にも応用されてきた。これらの外国語には権利意識の感覚が付きまとっている。現在、自由という言葉は、利己主義、自分中心、ほしいままと同義になっている傾向にある。本来の自由は、梵語スヴァヤンの「独立自存」の意味で、自在とも訳される。他からの束縛を受けないだけでなく、自らの意志で屹立する立場を言う。自分の欲望や我執にとらわれない無心の自己、つまり自分の心が空っぽであることにより、何でも自由に受け入れることができ、自分の心が空っぽだから何にでも自由に対応できることを意味する。自由の心は、知性に依存しない、慈悲の心、平和な心である。善と悪、苦と楽という二元的対立を越えた悟りの境地を意味しているのである。

（参考文献　福島慶道『無心のさとり』春秋社、1998年）

26

第7課　仮名遣いと送り仮名

《現代仮名遣い》

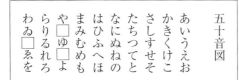

五十音図									
わ	ら	や	ま	は	な	た	さ	か	あ
ゐ	り	□	み	ひ	に	ち	し	き	い
□	る	ゆ	む	ふ	ぬ	つ	す	く	う
ゑ	れ	□	め	へ	ね	て	せ	け	え
を	ろ	よ	も	ほ	の	と	そ	こ	お

昭和21年11月16日の内閣告示によって、「現代かなづかい」が制定された。

それ以前のかなづかいを「歴史的仮名遣い」という。歴史的仮名遣いの五十音表を左に示す。

現代仮名遣いの基本方針

1．発音どおりに表記する。

2．発音が同じなら、文字は一つに統一する。

歴史的仮名遣いでは、上記の47字が用いられていた。このうち、「ゐ、ゑ、を」の3文字は「い、え、お」と、また、「ぢ、づ」は「じ、ず」と、古くは発音が異なっていたが、現在は同じ発音である。したがって基本方針2によって、「ゐ、ゑ、を」「ぢ、づ」は原則として用いない。ただし、例外がある。

　　例外1：助詞　「私は」「学校へ」　　発音どおりに表記しない。

　　　　　　　　　　　　　　　　　　（歴史的仮名遣いのまま—基本方針1の例外）

　　　　　　　　「勉強を」　　　　　　「を」は助詞専用仮名として生き残る。

　　　　　　　　「よせばよいものを」　（基本方針2の例外）

　　例外2：「ぢ、づ」を使うこともある。（基本方針2の例外）

　　　　　　　　「ちぢむ」「つづく」　同音連呼の場合。

　　　　　　　　「はなぢ（鼻血）」　　2語の連合によって生じた「ぢ、づ」で、元の語が

　　　　　　　　「こづつみ（小包）」　認識しやすいもの。

はなぢ（鼻血）グループ	いなずま（稲妻）グループ
元の語が認識しやすいもの	元の語が認識しにくいもの
にいづま（新妻）　いれぢえ（入れ知恵） こぢんまり　そこぢから（底力） まぢか（間近）　おこづかい（お小遣い） かたづく（片付く）　こづつみ（小包） こころづくし（心尽くし） 勉強づくえ（机）	さかずき（酒坏）　うなずく（頷く） つまずく（躓く）　なかんずく（就中） ひとりずつ　くろずくめ（黒尽くめ） かたず（固唾）　世界じゅう（世界中） ※元の語が認識しにくいものは「じ、ず」 　を本則として「ぢ、づ」も許容する

長音の表記

　ア列長音「あ」　おかあさん

　イ列長音「い」　おにいさん

　ウ列長音「う」　ふうせん

　エ列長音「え」　おねえさん※1

　オ列長音「う」　おとうさん※2

※1　て<u>い</u>ねい（丁寧）　とけ<u>い</u>（時計）　え<u>い</u>が（映画）　まね<u>い</u>て（招いて）などは、テーネー、
　　　トケー、エーガ、マネーテなどのように、エ列長音に発音されることがあっても、「い」で
　　　表す。

※2　と<u>お</u>く（遠く）のお<u>お</u>きな（大きな）こ<u>お</u>り（氷）の上をお<u>お</u>い（多い）お<u>お</u>かみ（狼）
　　　と<u>お</u>（十）ずつと<u>お</u>る（通る）のように、歴史的仮名遣いで「ほ」「を」で書き表して「お」
　　　と発音していたものは、オ列長音（オー）のように発音されることがあっても「お」と表
　　　記する。

《送り仮名の付け方》

	本　則	例　外
動　詞	《活用語尾を送る》 承る　書く　考える　食う	味わう　脅かす（おど）　脅かす（おびや）　食らう 逆らう　哀れむ　群がる　和らぐ
	《他の語を含むときはその語に準ずる》 向かう（向く）　　動かす（動く） 華やぐ（華やか）　確かめる（確か） 悲しむ（悲しい）　重んずる（重い）	
形容詞	《い・しい　から送る》 赤い　潔い　悔しい　美しい	危ない　危うい　大きい　少ない 小さい　冷たい　平たい
	《他の語を含むときはその語に準ずる》 細かい（細かだ）　　古めかしい（古い） 後ろめたい（後ろ）　輝かしい（輝く）	
形容動詞	《だ・か・やか・らか　から送る》 主だ　暖かだ　健やかだ　滑らかだ	新ただ　同じだ　盛んだ　平らだ 惨めだ　哀れだ　幸いだ　幸せだ
	《他の語を含むときはその語に準ずる》 寂しげだ（寂しい）　晴れやかだ（晴れる）	
名　詞	《送らない》 山　川　月　何　男　彼	哀れ　辺り　勢い　幾ら　後ろ 半ば　情け　独り　自ら　災い
	《他の語から転じたものはその語に準ずる》 正しさ（正しい）　深み（深い） 動き（動く）　　薫り（薫る）　嘆き（嘆く） 恨み（恨む）　　笑い（笑う）　働き（働く）	《動詞から転じて名詞になったもので、動詞性が完全になくなったものは送らない》 氷（氷る）　光（光る）　印（印す）（しるし） 帯（帯びる）　富（富む）（とみ）　話（話す）（はなし）
副　詞 連体詞 接続詞	《最後の音節を送る》 必ず　更に　少し　既に　再び 来る　去る　及び　但し	大いに　直ちに　明くる 並びに　若しくは　又

※　許容《読み間違えるおそれのない場合は送り仮名（下線部）を省くことができる》
　　浮かぶ　生まれる　晴れやかだ　晴れ　曇り　起こる　当たる　終わる
　　変わる　当たり　祭り　答え　願い　申し込み　封切り　待ち遠しい　など
※　《慣用が固定しているものは送らない》
　　子守　献立　番組　日付　受付　立場　取締役　関取　踏切　取引　貸付
　　引換券　積立　小売　売上　博多織　輪島塗　備前焼　鎌倉彫　など

基本問題

① 次の仮名遣いで正しい方を選びなさい。どちらも正しい場合には〇をつけなさい。

(1) ① あとかたずけ
　　② あとかたづけ

(2) ① いちじく
　　② いちぢく

(3) ① 黒ずくめの男
　　② 黒づくめの男

(4) ① こおばしい
　　② こうばしい

(5) ① こおろぎ
　　② こうろぎ

(6) ① 待ちどおしい
　　② 待ちどうしい

(7) ① ひとつずつ
　　② ひとつづつ

(8) ① つくずく
　　② つくづく

(9) ① こんにちは
　　② こんにちわ

(10) ① とうり（通り）
　　② とおり（通り）

(11) ① いなづま
　　② いなずま

(12) ① こおり（氷）
　　② こうり（氷）

② 次の言葉を、（　）内の漢字を用い、送り仮名を添えて書きなさい。ただし、送り仮名のつかないものもある。

(1) うけたまわる（承）
(2) さむさ（寒）
(3) すこやかな（健）
(4) たしかめる（確）
(5) ふたたび（再）
(6) たずねる（訪）
(7) もよおす（催）
(8) こころよい（快）
(9) かえりみる（省）
(10) たてまつる（奉）
(11) おもんずる（重）
(12) むずかしい（難）
(13) むかう（向）
(14) おのずから（自）
(15) おそろしい（恐）
(16) うしろ（後）
(17) みずから（自）
(18) わざわい（災）
(19) くみ（組）
(20) なかば（半）
(21) なさけ（情）
(22) はなし（話）
(23) いきおい（勢）
(24) ひとり（独）
(25) かたむき（傾）
(26) いただき（頂）
(27) こころざし（志）
(28) しるし（印）
(29) とみ（富）
(30) たたかい（戦）

応用問題

① 次の言葉は同じ漢字の読みである。漢字に送り仮名を添えて書きなさい。

(1) ① くう　　② たべる
(2) ① とおる　② かよう　③ つうずる
(3) ① あるく　② あゆむ
(4) ① あける　② あかるい　③ あきらか
(5) ① こまかい　② ほそい
(6) ① おどす　② おどかす　③ おびやかす
(7) ① とじる　② しめる
(8) ① ふる　　② おりる
(9) ① しあわせ　② さいわい
(10) ① あがる　② のぼる

② 次の(1)〜(6)の言葉を、辞書で確認しながら、送り仮名を添えて書きなさい。ただし、送り仮名にゆれのある言葉は、例にしたがってカッコを用いて答えなさい。

（例：あらわす（著）→著（わ）す）

(1) ① あたる（当）
　　② あてる（当）

(2) ① ことわる（断）
　　② たつ（断）

(3) ① はずかしい（恥）
　　② はじる（恥）

(4) ① うまる（埋）
　　② うもれる（埋）

(5) ① あらたに（新）
　　② あらためる（改）

(6) ① うみおとす（生・落）
　　② うまれおちる（生・落）

改定常用漢字表

平成22年11月30日に、改定常用漢字表が内閣告示された。追加された漢字196字の音訓を下記に掲げる。
［ ］は許容字体である。

漢字	音訓	漢字	音訓	漢字	音訓	漢字	音訓	漢字	音訓
挨	アイ	嗅	キュウ／かぐ	叱	シツ／しかる	綻	タン／ほころびる	阜	フ
曖	アイ	巾	キン	嫉	シツ	緻	チ	訃	フ
宛	あてる	僅	キン／わずか	腫	シュ／はれる・はらす	酎	チュウ	蔽	ヘイ
嵐	あらし	錦	キン／にしき	呪	ジュ／のろう	貼	チョウ／はる	餅［餅］	ヘイ／もち
畏	イ／おそれる	惧	グ	袖	シュウ／そで	嘲	チョウ／あざける	璧	ヘキ
萎	イ／なえる	串	くし	羞	シュウ	捗	チョク	蔑	ベツ／さげすむ
椅	イ	窟	クツ	蹴	シュウ／ける	椎	ツイ	哺	ホ
彙	イ	熊	くま	憧	ショウ／あこがれる	爪	つめ・つま	蜂	ホウ／はち
茨	いばら	詣	ケイ／もうでる	拭	ショク／ふく・ぬぐう	鶴	つる	貌	ボウ
咽	イン	憬	ケイ	尻	しり	諦	テイ／あきらめる	頰	ほお
淫	イン／みだら	稽	ケイ	芯	シン	溺	デキ／おぼれる	睦	ボク
唄	うた	隙	ゲキ／すき	腎	ジン	塡	テン	勃	ボツ
鬱	ウツ	桁	けた	須	ス	妬	ト／ねたむ	昧	マイ
怨	エン・オン	拳	ケン／こぶし	裾	すそ	賭	ト／かける	枕	まくら
媛	エン	鍵	ケン／かぎ	凄	セイ	藤	トウ／ふじ	蜜	ミツ
艶	エン／つや	舷	ゲン	醒	セイ	瞳	ドウ／ひとみ	冥	メイ・ミョウ
旺	オウ	股	コ／また	脊	セキ	栃	とち	麺	メン
岡	おか	虎	コ／とら	戚	セキ	頓	トン	冶	ヤ
臆	オク	錮	コ	煎	セン／いる	貪	ドン／むさぼる	弥	や
俺	おれ	勾	コウ	羨	セン／うらやむ・うらやましい	丼	どんぶり・どん	闇	やみ
苛	カ	梗	コウ	腺	セン	那	ナ	喩	ユ
牙	ガ・ゲ／きば	喉	コウ／のど	詮	セン	奈	ナ	湧	ユウ／わく
瓦	ガ／かわら	乞	こう	箋	セン	梨	なし	妖	ヨウ／あやしい
楷	カイ	傲	ゴウ	膳	ゼン	謎［謎］	なぞ	瘍	ヨウ
潰	カイ／つぶす・つぶれる	駒	こま	狙	ソ／ねらう	鍋	なべ	沃	ヨク
諧	カイ	頃	ころ	遡［遡］	ソ／さかのぼる	匂	におう	拉	ラ
崖	ガイ／がけ	痕	コン／あと	曽	ソウ・ゾ	虹	にじ	辣	ラツ
蓋	ガイ／ふた	沙	サ	爽	ソウ／さわやか	捻	ネン	藍	ラン／あい
骸	ガイ	挫	ザ	痩	ソウ／やせる	罵	バ／ののしる	璃	リ
柿	かき	采	サイ	踪	ソウ	剝	ハク／はがす・はぐ・はがれる・はげる	慄	リツ
顎	ガク／あご	塞	サイ・ソク／ふさぐ・ふさがる	捉	ソク／とらえる	箸	はし	侶	リョ
葛	カツ／くず	埼	さい	遜［遜］	ソン	氾	ハン	瞭	リョウ
釜	かま	柵	サク	汰	タ	汎	ハン	瑠	ル
鎌	かま	刹	サツ・セツ	唾	ダ／つば	阪	ハン	呂	ロ
韓	カン	拶	サツ	堆	タイ	斑	ハン	賂	ロ
玩	ガン	斬	ザン／きる	戴	タイ	眉	ビ・ミ／まゆ	弄	ロウ／もてあそぶ
伎	キ	恣	シ	誰	だれ	膝	ひざ	籠	ロウ／かご・こもる
亀	キ／かめ	摯	シ	旦	タン・ダン	肘	ひじ	麓	ロク／ふもと
毀	キ	餌［餌］	ジ／え・えさ					脇	わき
畿	キ	鹿	しか・か						
臼	キュウ／うす								

基本問題		第７課　仮名遣いと送り仮名				
①	(1)	(2)	(3)	(4)	(5)	(6)
	(7)	(8)	(9)	(10)	(11)	(12)

	(1)	(2)	(3)
②	(4)	(5)	(6)
	(7)	(8)	(9)
	(10)	(11)	(12)
	(13)	(14)	(15)
	(16)	(17)	(18)
	(19)	(20)	(21)
	(22)	(23)	(24)
	(25)	(26)	(27)
	(28)	(29)	(30)

漢字の六書（りくしょ）

　漢字の六書とは、漢字の構成法と転用法を六つに分けて説明したもので「説文解字」（後漢の許慎撰、121年）が具体的解釈を示した最古例である。
①象形：物の形を象って作られた漢字。「月・日・水・人・木」
②指事：位置や数量などの抽象的な意味を、点や線の組み合わせなどによって指し示した漢字。「一・二・上・中・下」
③会意：二つ以上を組み合わせて一つの字とし、その意味をあわせて作った漢字。「炎・森・旦」
④形声：意味を表す文字（形）と音声を表す文字（声）とを組み合わせて作った漢字。☞第１課。
⑤転注：ある漢字の本来の意味を別の意味に転用して作られた漢字で、音が変わることが多い。「楽（ガク：楽器・かなでる→ラク：たのしい→ゴウ・ギョウ：ねがう）」
⑥仮借（かしゃ）：音はあるが漢字がない語に対して、同じ音の別の漢字を、本来の意味とは関係なく借りてあてて作られた漢字。「女、汝（なんじ）、拾（数字の10）」

応用問題					第7課　仮名遣いと送り仮名			
①	(1)	①	②	(2)	①	②	③	
	(3)	①	②	(4)	①	②	③	
	(5)	①	②	(6)	①	②	③	
	(7)	①	②	(8)	①	②		
	(9)	①	②	(10)	①	②		

②	(1)	① ②	(2)	① ②	(3)	① ②
	(4)	① ②	(5)	① ②	(6)	① ②

和製漢語

　日本で行われているスポーツは数多く、サッカー、バレーボールのようにほとんどはカタカナで表記されている。それらのスポーツは外国から日本に入ってきたものだからである。

　しかし例外もある。真っ先に思い浮かぶのが「野球」である。野球はもともとイギリスで原形がつくられ、アメリカで発達したスポーツである。しかし、英語のbaseball よりも明治時代に翻訳された「野球」という言葉の方がはるかに親しみをもって使われている。

　「base」は英語で「基地」や「塁」という意味である。そのまま訳せば「塁球」だが、翻訳者は「野球」とした。この名訳からは、青空の下でのびのびと白球を追いかけるイメージが目に浮かぶ。名訳だからこそ、この言葉は現在も親しまれ使われているのだろう。考え出したのは俳人・正岡子規。

　明治時代には、「野球」のほかにも欧米の言葉を翻訳して新しい漢語がたくさんつくられた。「哲学」「自由」「文化」「社会」「銀行」「雑誌」なども明治期につくられた和製漢語である。

　漢字は表意文字であるため、漢字を組み合わせて容易に漢語をつくり出すことができたのである。現在、たくさんの和製漢語が、韓国や中国でも使われている。ちなみに「野球」はお隣の韓国では「野球」、中国では「棒球」という。

学　年	クラス	学生証番号	氏　　名	検　印

2 · 文章作成編

第 **8** 課　文のしくみ

　文は、一つ以上の文節※から成り、一つのまとまった考え（思想や感情）を表すものである。文節は、互いにいろいろな関係で文を構成するもので、主語・述語・修飾語・独立語などの文の成分となる。文の構成上の留意点は次のとおりである。

　※　文節とは意味をこわさない程度に区切った文中の最小のひとまとまりの言葉を指す。文中に「ネ・サ・ヨ」という言葉を入れてみて自然に入るところで切って１文節とする。

1．必要な主語が落ちていないかどうか。
　　（例：文野君が転んだとき、声をあげて笑った。）
　　　→「笑った」のが誰であるのか不明である。
2．主語と述語とが正しく呼応しているかどうか。
　　（例：ときどき私たちは、会話の中で、自分が今一番行きたいと思っている会社はどこ
　　　　か、という話が出ることがある。）
　　　→「私たちは」に対して述語が正しく呼応していない。
3．主語と述語との間が離れ過ぎていて、理解しにくくないか。
　　（例：妹は、買い物に行った母がうっかりしてマヨネーズを買い忘れたので、大好きな
　　　　ポテトサラダが食べられなかった。）
　　　→主語「妹」と、述語「食べられなかった」が離れ過ぎている。
4．修飾語と被修飾語とが離れ過ぎていて、理解しにくくないか。
　　（例：けっこう、どんな本が並んでいるかいろいろ興味を持って見て回るのも、楽しい
　　　　ものである。）
　　　→修飾語「けっこう」と、被修飾語「楽しい」が離れ過ぎている。
5．修飾語に呼応する被修飾語が忘れられていないかどうか。
　　（例：少子高齢化により、もろくも社会保障制度の問題が表面化しつつある。）
　　　→修飾語「もろくも」に対する被修飾語がない。

基本問題

① 　次の文の下線部には不適切な表現がある。全文を正しい表現に改めなさい（解答が複数の場合もある）。

(1) 会田が上田が岡田を見たと思った。

(2) 今日の私の仕事は、彼を空港まで見送りに行くことが仕事です。

(3) 彼女が帰りたいと知って、私はとても悲しかった。

(4) 私がそこに行かないはずがないでしょうか。

(5) その坂道を上るので、白い家があった。

(6) 暑い日が続きましたが、ご自愛ください。

(7) まさか彼女に限って真っ赤な服を買うだろうか。

(8) 皆様のご多幸をお祈り申し上げまして、ご挨拶を代わらせていただきます。

② 次の文が（　）内の意味になるように、なるべく本文を変えずに文全体を書き改めなさい。

　⑴ 先月売れ残った商品が返品された。　　　　　　　　　　（返品されたのが「先月」）

　⑵ 私は泣きながら走る女を追いかけた。　　　　　　　　　　（泣いているのは「私」）

　⑶ 大きな赤い字の書いてある紙がある。　　　　　　　　　　　（大きいのは「紙」）

　⑷ 夏目漱石は英国で病床にある正岡子規に手紙を書いた。(子規は日本で寝込んでいる)

　⑸ 私の兄と先輩のヒトシさんが大阪に出かけた。　　　　　（ヒトシさんは「私」の先輩）

応用問題

① 下は、「日頃の体験から学んだこと」というテーマで書かれたが、まだ不十分な文章
　である。この文章について、⑴～⑶の問に答えなさい。

　⑴ 文中の下線部①～⑤を適切な表現に改めなさい。

　⑵ 文中の波線部㋐～㋔の接続語を適切な語に改めなさい。

　⑶ ⑴⑵の設問以外のところに注意して、下の文章を推敲しなさい。不自然な言葉や誤
　　りは訂正し、言葉の足りないところは補充する。不要な言葉は削除する。これらによ
　　って、文章が簡潔で明快なものになるよう工夫しなさい。

　　バイトの失敗談から学んだことですが、①自分は、アルバイトをウエートレスしてる
　のですが、バイトを初めたばかりの頃で、接客にも食器の扱いにもまだ慣れてなかった。
　㋐なので、左に多くの皿を持って、もう片方でお客様の水のコップを下げよーとして、
　自分の左手の皿を落としてしまい、②割れてしまったのです。③とっさにうろたえてど
　うしたらよいのかわからず。㋑けど、先輩が、お客様に声をかけながら、④そそくさと
　かたずけてくださいました。㋒あと、⑤店長が「まず一言『申し訳ございません』と誤っ
　てください。㋓それで、お客様もびっくりされないので」と注意がありました。㋔って
　いうか、言葉の大切さを学んだ経験である。

② 次の文を適切な表現に改めなさい。ただし答えは一つとは限らない。

　⑴ これからの高齢化は、孤独なだけでなく、人生経験の豊富さも期待できる。

　⑵ 現代の日本で、食生活が変化していて、欧米型の生活習慣病の増加となっている。

　⑶ 大阪府は香川県とともに面積が狭い都道府県だが、埋め立てなどして日本で一番か
　　ら二番になった。

　⑷ 私がよく利用するのは、知的要求を満足させてくれる蔵書が豊富に揃っている駅前
　　の図書館である。

　⑸ 就職については売り手市場といわれているが、結局のところ、自分というものをし
　　っかりと見つめ、学生時代を送るようにすべきだ。

基本問題		第8課　文のしくみ

❶
- (1)
- (2)
- (3)
- (4)
- (5)
- (6)
- (7)
- (8)

❷
- (1)
- (2)
- (3)
- (4)
- (5)

応用問題

❶

(1)
- ①
- ②
- ③
- ④　　⑤

(2)

(ア)	(イ)	(ウ)
(エ)	(オ)	

学　年	クラス	学生証番号	氏　名	検　印

応用問題　　　　　第8課　文のしくみ

①	(3)	
②	(1)	
	(2)	
	(3)	
	(4)	
	(5)	

第9課　文章構成

文章を構成する方法には、三段構成、四段構成、五段構成などがある。三段構成は最も基本的な型で、序論・本論・結論、あるいは、導入・展開・結末のように文章全体を三つの部分で構成する。舞楽や能などの芸能で用いる用語「序破急」にもみられる。四段構成は、文章全体を四つの部分で構成する。漢詩の絶句の構成で用いる用語「起承転結」を応用したものである。五段構成は、文章全体を序論・説明・論証・列叙（ならべしるすこと）・結論の五つの部分で構成する。音楽用語を借りて「ソナタ形式」とも呼ばれるものである。

また、自分の考えを述べる方法には、帰納法（きのうほう）（個々の特殊な事実から一般的原理や法則を導き出す方法）、演繹法（えんえきほう）（一般的普遍的な原理から、個々の特殊な事実を推論する方法）、三段論法（大前提、小前提から結論を導く方法）がある。

基本問題

1　次に掲げた(1)〜(3)は、帰納法・演繹法・三段論法のうち何法にあたるかを答えなさい。

(1)

①　人間は考える（大前提）

②　ソクラテスは人間である（小前提）

③　故にソクラテスは考える（結論）

(2)

（個々の特殊な事実）

(3)

（個々の特殊な事実）

2　次の(1)(2)の文章が、基本問題**1**の何法に相当するか答えなさい。また、①〜③および④が各方法のどの部分（例：「原理・法則」「結論」など）に相当するのかを答えなさい。

(1) ①　子どもに母乳を飲ませるのは哺乳類である。

②　クジラは子どもに母乳を飲ませる。

③　すなわち、クジラは哺乳類である。

(2) ①　Ｐ市には幼稚園が３園あるが、そのうち私立Ａ幼稚園では園児の73％が水泳やピアノなどの習い事をしている。

②　同じ市内にある私立Ｂ幼稚園では86％の園児が、水泳などを習っている。

③　Ｐ市立Ｃ幼稚園でも71％の園児が習い事をしている。

④　今やＰ市の幼稚園児の大半が習い事をしているといってよかろう。

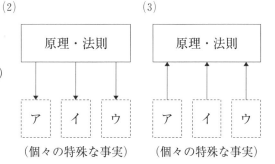

応用問題

① 下の文章を読んで(1)(2)の問に答えなさい。

(1) 次の①〜⑱を三段構成の序論・本論・結論に分けなさい。

(2) (1)で分けた部分にそれぞれタイトルをつけ、文章のタイトルもつけなさい。

① 社会のルールで何が一番大事かということは、いろいろな社会によって微妙に違ってくるかもしれません。

② でも、どんな社会にでも大体共通して大事に考えられているルールがあります。

③ それは「盗むな、殺すな」という原則です。

④ これは、社会のメンバーそれぞれの生命と財産をお互いに尊重するというルールになっているわけです。

⑤ どういうことかというと、自分の気分しだいで勝手に人を殺していいということになると、今度は自分がいつ殺されるかわからないということにもなりうるわけです。

⑥ ですから、「殺すな」は結局自分が安全に生き延びるという生命の自己保存のためのルールと考えられるわけで、別に世のため人のためのルールと考える必要はないのです。

⑦ 「盗むな」もそうです。

⑧ 盗んでもいいという社会では、自分の持物・財産がいつ盗まれるかわからない。

⑨ 「殺すな」が守られない場合と同様、とても不安定な状況になってしまう。

⑩ だから、「盗むな、殺すな」という社会のメンバーが最低限守るべきであると考えられているルールは、「よほどのことがない限り、むやみに危害を加えたりせず、私的なテリトリーや財産は尊重しあいましょう、お互いのためにね」という契約なのです。

⑪ こうした観点から「いじめ」の問題をあらためて考え直してみると、誰かをいじめるということは、今度は自分がいつやられるかわからないという、リスキー（＝危険）な状況を、自分自身で作っていることになります。

⑫ いじめるか、いじめられるかを分けているのは、単にその時々の力関係によるもので、いつ逆転するかわかりません。

⑬ 無意味に人を精神的、身体的にダメージを与えないようにするということは、自分の身を守る、自分自身が安心して生活できることに直結しているのです。

⑭ 単に「いじめはよくない、卑怯なことなんだよ」「みんな仲良く」という規範意識だけではいじめはなくなりません。

⑮ そうではなくて、「自分の身の安全を守るために、他者の身の安全をも守る」という、実利主義的な考え方も、ある程度学校にも導入したほうがよいのではないかと思います。

⑯ 人類の歴史を見ても、「自然状態」ではどうしても人間は物理的に力のあるほうが「殺し、盗む」ものであり、そうした状態が長く続くと世の中が安定せず総崩れになるから、どうしたらいいかを、賢人たちが長年考えてきたわけです。

⑰ そして出した結論が、「"人を殺さない、人から盗まない"というルールは、"人に殺されない、人から盗まれない"ことを保障するために必要なものだ」、という答えだったわけです。

⑱ 残念ながら、「殺し、盗むことは人としてよくないことだから」という答えではないのです。

（菅野仁『友だち幻想　人と人の〈つながり〉を考える』ちくまプリマー新書、2008年、88〜90頁、ルビは原文のママ）

基本問題　　　　第 9 課　文章構成

①	(1)		(2)	
	(3)			

②	(1)	①		②	
		③			
	(2)	①		②	
		③		④	

応用問題

①	(1)	序論：	
		本論：	
		結論：	
	(2)	各部分のタイトル	序論：
			本論：
			結論：
		文章のタイトル：	

学　年	クラス	学生証番号	氏　名	検　印

41

文章・レポートの作成──楽じゃないフルコース

「たくさん漢字を覚えたのに、どうして文章が書けないんですか」「構成のパターンを覚えさえすればいいのですか」「1冊読めば、たちまち上手なレポートが書ける本を教えて下さい」──しばしば寄せられる質問である。

さて、豊富な食材を集め、立派な器をあれこれ用意すれば、ただちにウマイ料理を味わうことができるだろうか。そもそもあなたはウマイ料理を味わった経験があるのだろうか。

また、有酸素運動、筋トレ、ストレッチ、低インシュリン、ツボ押し……いかにたくさんシェイプアップの方法を知っていようとも、自分でやってみなければ現状に変化はあるまい。

文章も同じことである。まず、日頃からの食べ歩き──文章に巡り会う機会を持ち、ウマイものを見つけては味わっておくことである。同時に、興味のある物事を柔軟な心で観察し、あなた自身の冷蔵庫の中に素材の蓄積をしておこう。先生によってテーマが決められているレポートであれば、関連資料を集めることはもちろんであるが、自分の目と頭（心）を通して経験を積み重ねていくことを心がけよう。

次に、頭も腕も存分に動かして、素材を調理──書いてみなければ始まらない。もちろん一度ではうまくいかなくて当たり前である。疲労感も徒労感も押し寄せるかもしれないが、何度も挑戦することを恐れてはならない。書物の中のノウハウも、実践しないと身に付かないことに気づくだろう。

ようやく自分の予定していた文章になってきたら、距離を置いて読み返し、シェイプアップ＝推敲も忘れずに。

日頃の食べ歩きからシェイプアップまで、少々ヘビーなフルコースだが、あなたの文章のスタイルとあなたの腕を磨いてみてはどうだろうか。

第10課　文章の要約

　文章の理解力を高めるには要約練習の繰り返しが必要である。はじめは面倒でも、その方式に
なれると、だんだん文章が読めるようになる。まず、はじめに、難しい単語には印をつけながら
文章を通して読み、次に難解な言葉や詳しく知りたい言葉を辞典で調べる。辞典は、一般の国語
辞典、漢和辞典などでもよい。新聞等の現代用語は『現代用語の基礎知識』『知恵蔵』（Web 版）
などが便利である。次に、段落ごとにキーワード（重要な単語）を抜き出し、そして最後に、キ
ーワードを中心に文章にまとめる。完璧でなくても構わないし、一言一句、丹念に検証する必要
もない。繰り返し練習するうちに、徐々に熟達していく。まずは、力を抜いて読んでみるとよい。
この課では、新聞社説記事から、その実例を掲げる。

《キーワード》

	大谷満票 MVP　異次元のプレーを明るく熱く
	［読売新聞朝刊：2023年11月18日社説］
①投打、謙虚な人柄、世界最高の野球選手	①　今季も投打にわたって驚異的な活躍を見せた。目を見張るプレーだけでなく謙虚な人柄も含め、すでに世界最高の野球選手だという評価に異論を挟む余地はあるまい。
②大谷翔平選手、MVP、満票	②　米大リーグ・エンゼルスからフリーエージェントになった大谷翔平選手が2年ぶり2度目となるアメリカン・リーグ最優秀選手（MVP）に選ばれた。今回も投票権を持つ記者30人全員が1位票を投じる「満票」での選出だった。
③2度目の満票、史上初めて、米国の野球界	③　2度目の満票は史上初めてのことだという。米国の野球界に新たな歴史を刻んだ快挙に大きな拍手を送り、共に喜びたい。
④今季、日本人初の本塁打王	④　今季は、打者として44本塁打を放ち、日本人初の本塁打王に輝いた。打率3割4厘、95打点、20盗塁を記録し、投手でも10勝5敗、167奪三振をマークした。
⑤毎年の活躍、信じられない数字	⑤　毎年の活躍を見るうちに、思わずその凄さを忘れそうになるが、信じられない数字である。
⑥ダブルヘッダー、完封、2本の本塁打	⑥　今季はダブルヘッダーの第1試合を投手として完封し、2試合目には打者として2本の本塁打を放ったこともあった。満票でのMVPも当然だと言えよう。
⑦ストイック、野球に打ち込む姿勢、鍛錬	⑦　より高いレベルを目指し、ストイックに野球に打ち込んでいる。その姿勢と日々の鍛錬が、他を寄せつけない圧倒的なパフォーマンスを支えているのだろう。
⑧笑顔、闘争心、WBC、熱いプレー	⑧　いつも笑顔を絶やさない。試合になれば、闘争心むき出しで貪欲に勝利を追い求める。今年の野球の国・地域別対抗戦「ワールド・ベースボール・クラシック」（WBC）で見せた熱いプレーが印象に残っている人も多いはずだ。

⑨日本の全小学校、
　グラブ、寄贈、「野
　球しようぜ！」

⑩手術、打者に専念

⑪日本最高のピッチ
　ャー、山本由伸投
　手、2人の対決

⑫若い日本人選手、
　国際舞台

⑬レベルアップ、人
　気向上、子供たち
　の夢

⑨　最近では、日本の全小学校約2万校に野球のグラブを3個ずつ、計6万個を寄贈すると発表した。SNSには「野球しようぜ！」と書き込んだ。日米問わず、人気が沸騰するのもうなずける。

⑩　9月に右肘靱帯の手術を受け、シーズン終盤を棒に振ったのは、悔しかったに違いない。来季は打者に専念する見通しだという。

⑪　3年連続で沢村賞を受賞し、日本最高のピッチャーと言われるオリックス・バファローズの山本由伸投手が海外移籍を目指している。来季、大谷選手はどの球団に所属するのか、2人の対決は実現するのか。楽しみは尽きない。

⑫　野球に限らず、サッカーやバスケットボール、バレーボールなどでも、若い日本人選手が海を渡り、国際舞台で活躍している。

⑬　競技のレベルアップや人気向上につながるはずだ。何より、子供たちの夢が広がり、スポーツを始めるきっかけになるといい。

【要約例】
　投打の活躍と謙虚な人柄で世界最高の野球選手、大谷翔平選手が、満票でMVPに選出された。2度目の満票は米国野球界で初めてだ。今季は日本人初の本塁打王にも輝き、驚異的な活躍をした。笑顔を絶やさず、試合となれば熱いプレー、日本の全小学校にグラブを寄贈し、SNSには「野球しようぜ！」と書き込んだ。野球に限らず、若い日本人選手が国際舞台で活躍している。競技のレベルアップや人気向上はもちろん、子供たちの夢が広がるきっかけになるといい。

基本問題

① 解説文の例にならって、次の新聞社説の各段落からキーワードを抜き出しなさい

② ①で抜き出したキーワードをもとに、200字程度で要約しなさい。

藤井竜王3連覇　今後も楽しみな同世代対決
［読売新聞朝刊：2023年11月14日社説］

① 将棋界の頂点に立つ21歳が安定した強さを見せつけ、「同学年対決」を制した。今後もライバルたちと熱戦を繰り広げ、将棋人気をより確かなものにしてほしい。

② 将棋の最高棋戦である竜王戦七番勝負で、藤井聡太竜王が挑戦者の伊藤匠七段に4連勝し、竜王の3連覇と、先月達成した八冠の初防衛を果たした。

③ 藤井竜王は、2020年に初出場で棋聖位を奪取して以来、タイトル戦は無傷の19連覇となり、大山康晴十五世名人が1966年に達成した連覇記録に並んだ。まずは年明けの王将戦、棋王戦で記録更新となるかが注目される。

④ 今回も藤井竜王は、精緻な読みと厳しい攻めが冴え渡った。「藤井一強」がどこまで続くか、ファンの関心は尽きないだろう。

⑤ 今回は、対戦した伊藤七段が藤井竜王と同じ21歳で、藤井竜王が初めて同世代と争うタイトル戦としても話題になった。2人が小学3年で対戦した時には、藤

井竜王が伊藤七段に敗れて大泣きしたというエピソードもある。

⑥　ストレート負けを喫したとはいえ、伊藤七段は藤井竜王が得意とする戦法を堂々と受け、棋力の高さを印象づけた。今後につながる経験となったに違いない。

⑦　96年に全七冠を制覇した羽生善治九段は、今も森内俊之九段や佐藤康光九段ら「羽生世代」と呼ばれるライバルたちと名勝負を続けている。将棋界をより一層盛り上げるため、「藤井世代」の更なる台頭と活躍にも期待したい。

⑧　藤井竜王と伊藤七段は、プロ入り前から将棋AI（人工知能）を研究に使う点で共通している。今回、藤井竜王が「読み筋が合うことが多かった」と振り返ったのも、こうした背景からだろう。

⑨　序盤から合理的に最善手を選ぶAIの普及は、従来の将棋の定跡を覆してきた。AIを使う戦術の研究が進み、棋士全体のレベルも上がったといわれる。

⑩　しかし、最後は人間同士の戦いだ。伝統的な詰将棋で鍛えた藤井竜王は「AIの良さを取り入れるには、自分で考えることが絶対に必要」と語っている。

⑪　自分が指した一手を相手が深読みしすぎてミスが生まれる、といった人間らしさが見えるのも、将棋の醍醐味と言える。

⑫　藤井竜王が指摘する通り、今後は、AIの活用力と考え抜く力の総合力で競うことになろう。藤井世代の対局は、AIに対する人間の向き合い方を考えるうえでも、ヒントを与えてくれそうだ。

仕事のホウ・レン・ソウ

　仕事のホウ・レン・ソウとは「報告」「連絡」「相談」のこと。仕事を円滑に進める上で必要な一連の流れである。

【報告（ホウ）】

・結論から先に、要点を押さえて簡潔に。５Ｗ２Ｈ（いつ・どこで・だれが・なにを・なぜ・どのように・いくらで）を確認すればもれがない。事実と意見・推測とははっきり区別して話すこと。

・指示された仕事が完了したら、必ず報告。長くかかる仕事ならば中間報告を。

・トラブルが発生した時、失敗した時は一刻も早く上司に報告を。

【連絡（レン）】

・仕事は上司・部下・同僚のチームワークである。「だろう」「はずだ」はミスのもと。互いに密に連絡をとり、現状を報告しあう。

【相談（ソウ）】

・問題を抱えた時、一人で判断に迷う時は相談して指示を仰ぐ。一人で火事を消そうとすると大火事になる。

書き言葉に不適当な表現

《例》

・こんな、そんな、あんな、どんな、こんなん、そんなん
　　──→このような、そのような、あのような、どのような、このような、そのような

・いろんな──→いろいろな

・知らん顔──→知らない顔

・無理に話さんでも（話さなくったって）良い──→無理に話さなくてもよい

・こっち、そっち、あっち──→こちら、そちら、あちら

・やっぱり、やっぱし──→やはり

・あんまり──→あまり

・ちょっと──→少し

・ちっとも──→少しも

・ほっとく──→見守る、観察する

・ほかす──→捨てる

・なおす（片づけるの意で）──→片づける

・いっぱい──→たくさん

・ちゃんと──→きちんと

・びっくりした──→驚いた

・いっぱいいっぱいになる──→精一杯で

・ほんとに、ホントに──→本当に

・〜しとく──→〜しておく

・やめとく──→〜しないでおく、〜しない

・こないだ──→この間

・〜じゃない──→〜ではない

・〜なんだなあと思いました。──→〜だと思いました。〜なのだと思いました。

・「〜しよっか」と言うと、──→「〜しようか」と言うと、

・してる、してます──→〜している、〜しています

・いてる、いてます──→いる、います

・〜してたら、〜しとったら──→〜していたら

・〜みたい──→〜のようだ

・すごく──→たいへん

・〜をやる（するの意味）──→する、行う

・しゃべる──→話す

・だんだん──→しだいに、徐々に

・一応──→ひとまず、

・〜って思った。──→〜と思った。

・私は〜に気をつけようと思います。あと、〜にも気をつけようと思っています。
　　（──→また、さらに、加えて、等）

・今日はいい天気だった。なので散歩に行くことにした。（──→それで、）

基本問題	第10課　文章の要約

①

①

②

③

④

⑤

⑥

⑦

⑧

⑨

学　年	クラス	学生証番号	氏　　名	検　印

基本問題   第10課　文章の要約

②

第11課　アイデアの開発

　ものを書こうとするときに、初めから完成された文章がすらすらと出てくることはない。いろいろなアイデアが頭の中をかけめぐり、それらを整理することによってまとまった文章がつくり出されるのである。アイデアが十分準備されているということは、内容のある文章を書くための大切な要件である。

　アイデアを開発する方法の一つに、ブレーンストーミング（brainstorming）がある。「頭の中に嵐を起こす」という意味である。これは1939年にアメリカのオズボーン（A. F. Osborne）が広告会社で斬新なアイデアを出すために考案したもので、従来から商品開発の分野で効果を発揮してきた方法である。現在では、文章表現法の分野でも積極的に活用され、大きな成果をあげている。なお、ブレーンストーミングは、ディベートのように討論することではない。また、連想ゲームでもない。この課では、ブレーンストーミングを用いて、実際に文章を作成することとする。ブレーンストーミングは現在では企業でも一般的に用いられる手法であり、国家試験にも出題されている。50ページ以下は、「メモ」という題目で行った実践例である。

ブレーンストーミングの実践
──アイデアの収集

　テーマにそって、次の5つの点を思い浮かべる。

1．ありとあらゆるアイデア
2．テーマに直接関係のあること
3．少しだけ関係のありそうなこと
4．テーマに直接関係のないこと
5．奇抜で他人が笑いそうなこと

〈その際の留意点〉

1．アイデアや情報は特定の発想に固執せず、順序にもこだわらないで思いつくままに集める。
2．質より量を集める。
3．アイデアは忘れないうちにメモに取る。
4．一つ一つのアイデアを簡単な言葉にする。
5．既成の概念を捨て去る。
6．一人でも複数でも行うことができるが、どちらも気楽な雰囲気で行う。

表現のためのプログラム

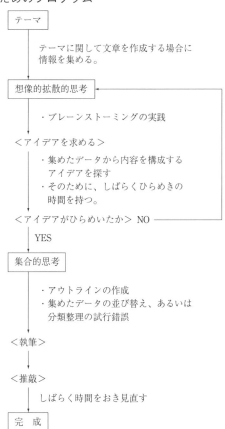

49

ブレーンストーミングの実践──アイデアの整理

　ブレーンストーミングによって集められたアイデアを、項目別に分類し、整理する。これは、アイデアを頭の中で発酵しやすくするためである。発酵し、熟したところで文章の構成をする。発酵しないときは、繰り返しブレーンストーミングを行う。

《ブレーンストーミングの実践例（テーマ：メモ）》

(1) メモ用紙に取る	(2) 用紙に紐を通す	(3) 下書きに使う
(4) ペンでメモする	(5) メモを分類する	(6) 赤鉛筆を使う
(7) ルーズリーフに取る	(8) 色分けをする	(9) イラストを描く
(10) メモは常に持ち歩く	(11) お買い得品をメモする	(12) 会社で使う
(13) すばやくメモする	(14) なくさない工夫をする	(15) 大きな文字でメモする
(16) 簡潔に取る	(17) カレンダーにメモする	(18) インデックスをつける
(19) 記号を使う	(20) 鉛筆に紐をつける	(21) 独り言をメモする
(22) メモ用紙にリサイクル	(23) 古代の木簡もメモだ	(24) ワープロでまとめる
(25) 地図に記入する	(26) 寝る前にメモする	(27) 聞きながらメモする
(28) 本のすみにメモする	(29) 人には見せられない	(30) 箇条書きにする
(31) メモは落書きである	(32) 線の入った用紙を使う	(33) 名刺に書き込む
(34) 電報も実はメモである	(35) 記入者名を記すこと	(36) 手紙もなんとメモである
(37) 手のひらに書く	(38) 日時を必ず記すこと	(39) 電車の中で取る
(40) 電話番号をメモする	(41) 留守番電話に記録する	(42) 伝言をメモする
(43) 思いつきをメモする	(44) 鞄に入れて持ち歩く	(45) ホワイトボードに書く
(46) 小さめの紙に書く	(47) 手帳にメモする	(48) 要点のみ筆記する
(49) 広告の裏を利用する	(50) 三色ボールペンを使う	(51) ノートを取るのもメモ
(52) 蛍光マーカーが便利	(53) 注文伝票もメモのうち	(54) 冷蔵庫の扉に貼る
(55) 再生紙を利用する	(56) 必要なときにない	(57) 料理番組で材料を書く
(58) 電話の側に置いておく	(59) 手が疲れる	(60) 糊でひっつけておく
(61) 写真を撮っておく	(62) 紙の裏表に書く	(63) 付箋にメモする
(64) 確実に記入する	(65) レシートの裏に書く	(66) ものさしを使う
(67) 目立つように工夫する	(68) ハサミで切っておく	(69) マイクロカセットを使う
(70) ホッチキスでとじる	(71) ５Ｗ１Ｈでメモする	(72) 電子手帳にメモする
(73) 計算機を使う	(74) 速記が使えると便利だ	(75) 後で読めないのは困る
(76) 葉書と切手を持ち歩く	(77) 略字を使う	(78) コピーを取っておく
(79) 名刺を整理しておく	(80) 新聞紙の切り抜き	(81) テスト範囲をメモする
(82) 友達の住所をメモする	(83) 洗濯バサミを使う	(84) コルクボードに貼っておく
(85) テレホンショッピング	(86) メモ漏れで困った	(87) ウエートレスが聞き間違う
(88) メモなんて面倒だ	(89) こよりにして指に巻く	(90) 書かないと後でもめる
(91) 人間は忘れる動物だ	(92) 読みやすい工夫をする	(93) 血で書く
(94) 壁に書く	(95) 写真の裏に日付を書く	(96) 気づかれないように書く
(97) 使った金額を書く	(98) 紙袋のすみに書く	(99) 油性のペンで書く
(100) メモといえば報道陣	(101) 枕元に置いておく	(102) お札に書く
(103) 人の話はよく聞く	(104) よく観察する	(105) 頭の中にメモはできない
(106) 歩きながらメモする	(107) 風呂の中で書く	(108) 水中に潜ってメモする

(109) 書き損じた葉書を使う	(110) 爪に書く	(111) 机の上に彫る
(112) 証拠になる	(113) **枕元にスタンドが必要**	(114) 昔のメモが見つかる
(115) タンスの裏にあった	(116) 襖の裏ばりに史料が	(117) 高く売れるかも
(118) 緑色のペンで書く	(119) メモをすれば思い出す	(120) 商売には欠かせない
(121) 御用聞きがする	(122) 机の下で渡す	(123) 手の中に収まるメモ帳
(124) おやつの場所	(125) **メモを取ろうとしてギックリ腰になった**	
(126) いざというときペンがない	(127) 額にメモする（鏡を見たときハッとする）	
(128) 「助けて！」と口紅で書く	(129) 探偵はポケットに手を入れたままメモする	
(130) **暗闇でも書けるボールペン**	(131) ポケットティッシュの底紙に書く	
(132) 先生がおっしゃったことを書く	(133) 先生がおっしゃらなかったことを書く	
(134) お使いの犬にくわえさせる	(135) 行き先を食卓の上に置いておく	

　以上、(1)〜(135)までのアイデアの中からいくつかのキーワードを取り出し、これらを再構成して作成したのが次の文章である。

　私はいつでもメモが取れるように枕元にメモ用紙を置いている。ある真夜中、すばらしいアイデアの夢でハッと目が覚めた。メモを取ろうと手元のスタンドを探ったが、なぜか明かりが点かない。慌てて天井の蛍光灯に手を伸ばそうとして腰をひねり、ゴキッという鈍い音とともに布団の上にひっくり返ってしまった。ギックリ腰だった。大切なアイデアを忘れた上に1週間非常につらい思いをした。とてもくやしかった。

　私は、真っ暗でもメモができる方法はないかと頭をひねった。すぐに蛍光ペンなら暗闇でも書けるのではと思いつき、早速実験してみたが、ちっとも光らない。私は首をひねった。後日、友人に「当たり前だ」と笑われた。

　私は行き詰まった。気分転換に耳掃除でもしようと耳カキを薬局に買いに行った。そこでなかなか便利な耳カキを見つけた。先が透明のガラス製で、柄の部分に豆電球がしかけてあり、暗い耳の中がよく見えるというものであった。

　その瞬間、私はボールペンの柄のところに電球をしかけてみてはとひらめいた。そして苦労の末、ついに試作品を完成させた。おかげでとても助かっている。だが唯一欠点がある。電池のせいでえらく重いのだ。早急に改善しなければならない。というのは先週、夜中に慌ててペンを持ち上げたとき手首をひねって、痛さで大切なアイデアを忘れた上に、またまた1週間つらい思いをしてしまったからだ。

基本問題

① 人を楽しく笑わせられる奇抜なアイデアをもちいて、次の空欄を埋めなさい。ただし、人の心を傷つけないこと。

なお、各問いの①については、選択肢から選んでもよいし、自分で考えてもよい。

・例1 —— A：今日から<u>自転車通学</u>始めるぞ！

B：どうせまた三日坊主でしょ。

A：<u>あと3日で卒業なんだ。</u>

・例2 —— A：今日から<u>ガーデニング</u>始めるぞ！

B：どうせまた三日坊主でしょ。

A：<u>毎日水をあげなくてもよいサボテンを育てるんだ。</u>

(1) A：今日から①＿＿＿＿始めるぞ（やめるぞ）！

B：どうせまた三日坊主でしょ。

A：②＿＿＿＿＿＿＿＿＿＿

早起き　筋トレ　間食（夜食）　○○語　自炊　日記　10分間読書　自転車通学　ガーデニング　貯金

(2) A：①＿＿＿＿いかがですか（しましょうか）？

B：②＿＿＿＿＿＿ですから間に合ってます。

健康食品はいかがですか？　人力車（観光地で）はいかがですか？　お飲み物だけでなくケーキセットはいかがですか？　荷物をお持ちしましょうか？　お送りしましょうか？　袋にお入れしましょうか？

応用問題

① 実際にブレーンストーミングを行って新製品を開発しなさい。

（例：エコ商品）

基本問題			第11課　アイデアの開発
①	(1)	①	
		②	
	(2)	①	
		②	

教科書で習えない心の世界

　このテキストは基本的な理解力や表現力を習得することを目指しています。しかし、このテキストによって理解力や表現の力が完璧につくということではありません。この国語表現法のテキストの基本理念と逆の考え方があります。それは「不立文字」と「冷暖自知」という聞き慣れない言葉です。「不立文字」とは文字を書くなということ、「冷暖自知」は、冷たい暖かいは自分で知れということです。つまり、「不立文字」とは、文字や言葉に頼らないということ、文字や言葉だけでは、人の心は十分表せるものではないということです。例をあげますと、やるせない恋の詩は、本当の恋心かどうか、本人にあってみないと分からない、大切なのは人の行動と心そのものを理解することだということです。「冷暖自知」とは、冷たい暖かいという判断をしっかり自分でせよ、他人の判断に頼るなということです。こんな例があります。極寒のモンゴルから日本に来た人が、冬０度のお風呂に入っても冷たいとは感じなかった話を聞いたことがあります。人の感じ方は、人様々、表現も人様々だという事例です。だから人の言葉は、鵜呑みにするのではなく自分で深く考えようということです。

　つまりこの２つの言葉は、自分の考え、自分の判断力を深めることの大切さを表している言葉です。教えられたことにこだわらず、自分の心のこだわりをなくして、自分の心を自由にして豊かな真実の世界を感じることの大切さを教える言葉だとおもわれます。日頃の自分の頭に凝り固まらず、文字や言葉で表現できない何かを感じる、そんな静けさをもつ時間の空白が必要ではないかとおもわれます。このテキストで基本を習って、さらに習えない世界がどこかにあることを知るきっかけになればとおもっています。

応用問題　　　　　　　第11課　アイデアの開発

①

学　年	クラス	学生証番号	氏　　名	検　印

第**12**課　レトリック

　自分の意思を他人に伝えるためには、まず事実や自分の意見を正確に述べることが必要である。しかし、それだけでは驚きや感動などを十分に伝えられず相手を説得できないことがある。情報の単調な羅列は、相手にとって退屈なものだからである。そのため、キャッチコピー、新聞、小説、学術論文など私たちが目にする文や文章には、相手の注意を引こう、説得しようという意識の働いた表現がなされている。この課では、これらの表現の具体的な例を学びながら、効果的な表現の方法や技術を習得することとする。

基本問題

① 　次のレトリックの用例を下記のア〜セから選びなさい。
　(1) 直喩（「ような」などの語を使ってたとえる方法）
　(2) 隠喩（「ような」などの語を使わずに、たとえを用いて表現する方法）
　(3) 擬人法（人間でないものを人間のように見たてる方法）
　(4) 省略法（文章の一部を省く方法）
　(5) ねじれ表現（あらかじめ予定されたもの（常識）を裏切る方法）
　(6) 倒置法（語順を普通と反対にする方法）
　(7) 疑惑法（話し手が当惑、優柔不断、慎重さなどの理由で語の選択、行動の選択、事象の解釈で決断を下せず、ためらいを示すこと）
　(8) 脚韻（語句の終わりを同じ音で揃える方法）
　(9) 掛詞（一つの言葉に二つ以上の意味を持たせる方法）
　(10) 擬声語・擬態語（自然現象の音や物の様子をまねてつくった語）
　(11) 反復（繰り返す方法）
　(12) 対句（対照的な意味やいい方の二つ以上の句を並べて表現する方法）
　(13) 皮肉（本来の意味とは反対の意味を含ませる方法）
　(14) パロディー（よく知られた文章や作品を換骨奪胎して模擬的作品をつくること）

ア　例：「ナイフのような思考回路　持ち合わせるわけもなく」

（Ado「うっせぇわ」）

イ　例：「注意一秒、怪我一生」

（安全標語）

ウ　例：「ダメ。ゼッタイ。」

（麻薬・覚せい剤乱用防止センター標語）

エ　例：「じゃがりこ　じゃがりこ　じゃがりこ　じゃがりーこ」

（カルビー「じゃがりこ」CM）

オ　例：「最善を尽くしたのですが……」

カ 例：「味の宝石箱や」

（グルメ番組、彦摩呂の台詞）

キ 例：「あぁ、王は利巧だ。自惚れているがよい」

（太宰治『走れメロス』）

ク 例：「あなたと、コンビに、ファミリーマート」

（ファミリーマートキャッチコピー）

ケ 例：「ガリガリ君」

（赤城乳業商品名）

コ 例①：「お口の恋人」

（ロッテキャッチコピー）

　 例②：「牛乳に、相談だ。」

（中央酪農会議 CM）

サ 例：「このろくでもない、すばらしき世界。」

（サントリー「BOSS」CM）

シ 例①：「インテル入ってる」

（インテル CM）

　 例②：「セブン‐イレブン　いい気分」

（セブン‐イレブン CM）

ス 例①：「生きるか死ぬか、それが問題だ」

（シェイクスピア『ハムレット』）

　 例②：「どーすんの？　どーすんの？　どーすんの？　オレッ！　どーすんのよ！」
（ライフ「ライフカード」CM）

セ 例①：「愛は、地球を救う」　　　　　　（日本テレビ「24時間テレビ」キャッチフレーズ）
　　　→「ケチは、地球を救う」　　　　　　（公共広告機構「エコロジー」CM）
　 例②：「吾輩は猫である」　　　　　　（夏目漱石『吾輩は猫である』）
　　　→「宅配は、ネコである」　　　　　　（ヤマト運輸 CM）

応用問題

① 次にあげる文章の（　　）にふさわしい<u>直喩表現</u>を考えなさい。

　　直喩表現の例：<u>コントラバスのような</u>深みのある声

　　　　　　　　　<u>まばらな拍手のように</u>降る雨

　　　　　　　　　<u>真冬のプールにたたずむように</u>孤独だった

⑴ 将来の夢を語る彼女の瞳は、（　　）（の）ように輝いていた。

⑵ 年老いた猫のタマは、ひだまりの中でいねむりをしている。その様子は、まるで
　（　　）（の）ように見えた。

⑶ このごろいつも、早朝に音楽室からピアノを弾く音が聞こえてくる。その音色は、
　（　　）（の）ように心に響いてくるのだった。

基本問題　　　　第12課　レトリック

①	(1)	(2)	(3)	(4)	(5)
	(6)	(7)	(8)	(9)	(10)
	(11)	(12)	(13)	(14)	

応用問題

①	(1)	
	(2)	
	(3)	

目で殺すって犯罪？

　人間の身体の一部を使った慣用表現はたくさんあるが、特に目を使った表現は際だって多い。「目と鼻の間」「目から鼻へ抜ける」「目の上のこぶ」のように顔の上の位置関係からできたと思われるものや、「目を細める」「目を伏せる」「目を回す」などのように目の動きからできたと思われるもののほか、目で感情を表す表現も多い。驚きを表すものだけでも、「目を皿にする」「目を丸くする」「目を白黒させる」など多彩である。最近はあまり使われなくなっているものの一つに「目で殺す」という表現がある。殺すとは物騒な話だが、もちろん犯罪とは無関係で、色目を使って相手を悩殺するという意味である。「目で知らせる」「目は口ほどに物を言う」などの表現があることからもわかるように、目には感情を伝える力があると考えられてきた。多彩な慣用表現を適切に使って、豊かな言語生活を楽しみたいものである。

学　年	クラス	学生証番号	氏　　名	検　印

チャレンジしよう！ ◇◇

　次の①～⑩は「急ぐ」という言葉を取り入れたコピー（広告文）の前半部分です。以下のア～コから、この文に続く後半部分を選びなさい。さらに、a～jからこのコピーにふさわしい商品または目的を選びなさい。

① お急ぎですか？　　　　　② なぜ急ぐ？
③ 急ぎたまえ。　　　　　　④ どんなにバタバタしていても、
⑤ お急ぎやす。　　　　　　⑥ 急がなければなりません。
⑦ 急ぐカドには、　　　　　⑧ イソギンチャクとはいうけれど、
⑨ 急いですぐ効く。　　　　⑩ 急ぐばかりが能じゃない。

ア　たまにはゆ～っくりしようじゃないか。	a　栄養補助食品
イ　ほんま京都はええトコ多おすよって。	b　水族館
ウ　じっくりよく効く。	c　クリーニング店
エ　朝食だけはシッカリ取ろう。	d　婦人服店
オ　ぼくはとってものんびり屋さん。	e　頭痛薬
カ　青春は、感動するには短すぎる。	f　温泉旅館
キ　フク着たる。在庫一掃大バーゲン。	g　環境保護
ク　いのち落として　なに残す？	h　名作全集
ケ　この瞬間にも多くの森が消えています。	i　交通事故防止の啓発
コ　でしたら当店におまかせを。朝出して夕方仕上がり。	j　観光キャンペーン

「泥棒の極意」

　むかしあるところに泥棒の一家がいました。父親は息子をつれて金持ちの家に忍び込み、まんまとお宝を頂戴していました。ある日、父親は考えます。自分も年をとった、そろそろ身を引く潮時がやって来たと。
　　（中略）
　数日後の夜でした。いつものようにある屋敷に二人で盗みに入った時のことです。父親と息子は首尾よく土蔵の中に忍び込みました。その時、父親は自分だけが土蔵の外に飛び出して、鍵を閉めてしまったのです。そしてあろうことか、「泥棒が入り込んだぞ」と大声で叫びながらその家から走り去ってしまいました。
　驚いたのは息子です。父親の声に目を覚ました家人や使用人が土蔵の方へ駆けてきます。息子はとっさにそこにあった長持の中に入って、隠れました。家人が土蔵の鍵を開けて入ってきた気配を感じ取って、長持から飛び出して庭へ出ました。一瞬ひるんだ使用人たちが追いかけてくると、庭の井戸に大きな石を投げ込みます。家人や使用人たちが井戸のまわりに集まるのを見て、息子は塀を乗り越えて一目散に家に帰ってきました。
　家に帰ると、父親が煙草をくゆらしながら待っていました。怒る息子をなだめながら尋ねます。「まあ落ち着け、ところでどうやって逃げてきたんだ？」。息子は一部始終を話します。すると父親はポンとひざをたたいて言いました。「よくやった、これでおまえは一人前の泥棒だ」。
　不謹慎な話で申し訳ないのですが、これは五祖法演という中国のお坊さんが、禅の師弟関係を泥棒に譬えた話なのです。

　　　　　　　　　　　　　　　　（安永祖堂『禅』禅文化研究所、2004年）

第13課　慣用表現の誤用

　時代とともに表現も変わってゆく。ある表現を多くの人々が誤用と知らず使用し続けた場合、それが慣用表現となってゆく。たとえば、「全然」という副詞は、「全然知らない」のように、本来は否定的に使用されるものであったが、最近では否定表現を伴わず、「全然平気です」など「断然、非常に」の意味で使う人も多くなり、国語辞典などにも「非常に」の意味が記載されるようになってきている。このように、誤用が慣用表現となった場合でも、本来の用法は知っておく必要がある。

　この課では、特に誤りやすい日常表現を取り上げる。

基本問題

① 次の文の下線部には慣用表現の誤用が見られる。的確な表現に改めなさい。

(1) 彼女は好奇心旺盛で、何にでも<u>手を突っ込む</u>。

(2) 鋭い追及に<u>しっぽを振って</u>逃げ出した。

(3) 彼は政治家の<u>風下にもおけない</u>男だ。

(4) カップルの口論に、<u>聞き耳を傾けた</u>。

(5) 彼は全身の力を<u>ふりしきって</u>頑張った。

(6) 彼女の振る舞いは、かなり<u>目ざわりが悪かった</u>。

(7) 今期の彼の成績は、<u>期待倒れ</u>に終わった。

(8) 彼女は<u>目から耳へ抜ける</u>ように要領がいい。

(9) これまでのことは、すべて<u>水の泡にしよう</u>。

(10) 彼女は自分の年齢を、<u>さばを見て</u>答えた。

(11) <u>出る釘は打たれる</u>というが、彼はついに左遷された。

(12) 祖父は若いころ、家族のために<u>身をやつして</u>働いた。

② 次の文には、慣用表現の誤用が見られる。下線部の表現をそのまま用いて、文を正しく改めなさい。

(1) 会社が倒産し、彼は<u>左うちわ</u>で暮らしている。

(2) <u>五十歩百歩</u>の大きな違い。

(3) 大臣は民衆からの称賛を<u>矢面に立って</u>受けた。

(4) 敵から<u>煮え湯を飲まされる</u>。

(5) <u>あげくの果て</u>に、合格した。

応用問題

① 次の文には、慣用表現の誤用が見られる。下線部の表現をそのまま用いて、文を正しく改めなさい。

(1) 彼は<u>弱冠</u>40歳の入賞者だ。

(2) 彼女が当選する公算が<u>高い</u>。

(3) 雨のため、今日の対戦は<u>泥仕合</u>になった。

(4) 恐怖のあまり、<u>二の句がつげなく</u>なってしまった。

(5) 彼女は<u>しのぎを削る</u>ような苦労をした。

(6) 収入が多いので家計が<u>火の車</u>で楽しい。

(7) 皆に知らせる必要があるので絶対に<u>他言</u>してください。

(8) 彼は<u>腹の皮がよじれる</u>ほど悔しがった。

(9) 今度の試合で頑張って、<u>汚名</u>を挽回するつもりだ。

(10) 彼は<u>爪に火をともす</u>ような明るく派手な暮らしをしている。

(11) 話好きの歯医者に<u>歯が浮く</u>ような治療をされた。

(12) その会社の<u>終業時刻</u>は8時間です。

(13) 寝ている人を<u>奮い起こして</u>、試験にのぞみなさい。

② 次の(1)から(15)のうち、正しい表現の文に○をつけなさい。また、間違った表現の文については、どこが間違いか指摘しなさい。

(1) 気の置けない人だからあのおじさんと会うと疲れるよ。

(2)「私のような年寄りがそんな会に出ていっていいかね?」
「先生、ぜひお越しください。枯れ木も山の賑わいと言いますから。」

(3) 今日は大変貴重なご経験をお話しくださいましてありがとうございました。これを他山の石といたしまして我々もますます精進したいと思います。

(4) あの人は世間ずれしていて常識がない。

(5) あのレストラン、一度行ってみたいけど高級すぎて何だか敷居が高いね。

(6) 子どもの貧困対策として自費で子ども食堂を運営するなんて、本当に奇特な人ね。

(7)「彼のあの発言、あきれて笑いも出ないね。」「ほんとにね。私も失笑してしまったわ。」

(8)「売り上げは予想をはるかに下回ったが、これでもまあ初日としては御の字かな。」

(9) 耳ざわりのよい言葉についだまされて詐欺にあってしまった。

(10) 情けは人のためならず、厳しく接することにしよう。

(11) 流れに棹さしてますます会社を成長させたい。

(12) はじめまして。今回このチームに配属された宮川と申します。役不足ですが、精一杯がんばりますのでどうぞよろしくお願いします。

(13) 議論が煮詰まってきたからそろそろ結論が出て、会議も終わりそうだ。

(14) 今日は一日中雨模様でよく降るね。

(15) 不要な部分なので割愛する。

基本問題		第13課　慣用表現の誤用
❶	(1)	
	(2)	
	(3)	
	(4)	
	(5)	
	(6)	
	(7)	
	(8)	
	(9)	
	(10)	
	(11)	
	(12)	
❷	(1)	
	(2)	
	(3)	
	(4)	
	(5)	

応用問題

❶	(1)	
	(2)	
	(3)	
	(4)	
	(5)	

学　年	クラス	学生証番号	氏　名	検　印

応用問題	第13課　慣用表現の誤用

①	(6)	
	(7)	
	(8)	
	(9)	
	(10)	
	(11)	
	(12)	
	(13)	
②	(1)	
	(2)	
	(3)	
	(4)	
	(5)	
	(6)	
	(7)	
	(8)	
	(9)	
	(10)	
	(11)	
	(12)	
	(13)	
	(14)	
	(15)	

※文化庁ホームページ(https://www.bunka.go.jp/seisaku/kokugo_nihongo/kokugo_shisaku/kotoba_shokudo/index.html)の「国語に関する世論調査」に基づく動画「ことば食堂へようこそ」が参考になる。

第14課　原稿用紙の使い方

　原稿用紙を用いるのは、１マスに１字ずつ書くことにより、文字数が簡単に計算できるからである。一般に使用されているのは、縦20字×横20字のいわゆる400字詰原稿用紙であるが、用途に応じてさまざまな原稿用紙が使われている。たとえば、新聞社では、記事の１段の文字数に合わせて、縦14字程度のものを使っている。この課では、縦書き・横書き原稿用紙の一般的な書き方について学ぶこととする。

縦書き原稿用紙の使い方

1．「題名（副題を含む）」および「氏名」は、必ず本文の前に書くこと。ただし、書き方の様式は提出先の指示にしたがうこと。
2．「段落」の書き出しは１字下げる。
3．長い文章の場合は章や節に分ける。それぞれに題目をつけることもある。
4．句読点やかぎかっこなどの「符号」は、原則として１マス分とる。ただし句点と「閉じのかぎかっこ」は一緒に１マスに記入してよい[※1]（原則として句点をつけるが、例外的にとる場合もある）。一般的には、句読点や「閉じのかぎかっこ」が行頭にきたときは、前行の最後のマスか、欄外にはみ出して書く。

※1
| だ |
| っ |
| た |
| 。 |

5．挿入句や副題の前後につけるダッシュ（――）やリーダー（……）は２字分とる。
6．『　』は、「　」の会話文中にほかの会話を挿入するときや、単行本の題名・雑誌名につける。単行本の章題や雑誌所収論文の題名などは「　」を使う。
7．引用する文章が１行前後でおさまるときには、引用文の前後を「　」でくくる。引用する文章が数行におよぶときは、改行して全体を２字下げにして、引用文であることを明確に示す。
8．数字は、原則として漢数字を用いる[※2]。
9．漢字の読み方は、右の行間に「ルビ」としてふる。
10．筆記具は、文字が消えないもの（万年筆またはボールペン）を用いるのがよい。

※2
○三日間　×3日間

横書き原稿用紙の使い方

原則として、縦書き原稿用紙と同様であるが、次の点に留意する。

11．「、」「。」を原則とするが「，」「．」や「，」「。」を用いる場合がある。
12．数字は原則として算用数字を使うが、次の場合は漢数字を用いる方がよい。
　　① 固有名詞（例：四万十川）　　② 概数を示す場合（例：四、五人）
　　③ 貨幣、紙幣（例：一円玉）　　④ ひとつ、ふたつなどと読む場合（例：一人）
　　⑤ 数としての意識が薄くなった場合（例：一般に　一期一会　三角形）
　　⑥ 大きい数字を表記する場合の単位語（例：2億円　200億円）。万・億・兆は入れ、十・百・千は省略する場合が多い。
13．算用数字は１マスに２字書く。アルファベットの大文字は１マスに１字、小文字は２字書く。
14．漢字のルビは、上の行間にふる。

基本問題

① 解答欄の表は、主要な符号について まとめたものである。空欄(1)〜(5)に適切な言葉を記入しなさい。

② 右の文章を、前ページの解説文にしたがって、解答欄に書き直しなさい。

　人間の心の矛盾について―「こころ」を読んで

　　　　　　　　　　文野学

　こころの主人公は20歳で両親を失い、叔父に遺産を詐取され、人間への信頼感をなくした。しかし、自分だけは信頼に足る人間であると自負していた。ところが、〈下宿屋の娘〉をめぐって、親友Kと争い、彼を裏切り、自殺へ追いやってしまた。この時、自分もまた我執にとらわれていることを知り、罪の意識にさいなまれたのである。

応用問題

① 次の言葉を、解説文12にしたがって書き換えなさい。
(1) ゴセンイチエン　　(2) ゴ、ロッピャクニン　　(3) イツカメ
(4) スウジュウニチ　　(5) イチマンネンマエ

② 次の文を、解説文を参照して、解答欄の横書き原稿用紙に書き写しなさい。
　嵯峨野社の『新国語辞典』は、国語国文学はもとより、歴史学・社会科学など周辺分野の最新の知識を結集し、現代語から古語、アルファベット略語、「メルトモ」のような流行語まで、全8万5000語を収録している。JISコード付漢字表、Word Processor対応の区点番号など現代生活に対応した内容で、私はいつも身近において愛用している。人にも、「『嵯峨野社』のこれ、いいよ。」と勧めることにしている。

第14課　原稿用紙の使い方

基本問題

	符号	名　称	使　い　方
①	「　」	かぎかっこ	(1) _____ や引用の部分を表すとき。強調したいとき。
	『　』	二重かぎかっこ	かぎかっこの中に、さらにかぎかっこが入るとき。(2) _____ を表すとき。
	（　）	かっこ	文章や語句の後に注記を加えたいとき。ルビの代わりに漢字の特殊な読みを示すとき。
	？	疑問符	疑問を示すとき。
	！	感嘆符	(3) _____ したいとき。
	・	(4) _____	同格のものを列挙するとき。外来語や外国の人名を記すとき。
	々	(5) _____	漢字を1字繰り返すとき。

②

応用問題　　第14課　原稿用紙の使い方

①	(1)		(2)	
	(3)		(4)	
	(5)			

②

学　年	クラス	学生証番号	氏　　名	検　印

3・文章実践編

《案内状・招待状の返信例》

ご結婚おめでとうございます。

喜んで 御出席させていただきます。

御欠席

御芳名

御住所
〒六一二ー三四五六
京都市毘沙門町一丁目二ー三
メゾンタナカ一〇二号

桜井 千尋

ご結婚おめでとうございます。
当日はあいにく公用がございますので

御出席

誠に残念ながら

御欠席させていただきます。

お二人の末永きご多幸をお祈り申し上げます。

御芳名

御住所
〒六一二ー三四五六
京都市毘沙門町一丁目二ー三
メゾンタナカ一〇二号

桜井 千尋

ご出席・ご欠席　のいずれかを抹消する。

差出人の「ご住所」「ご芳名」の「ご」「ご芳」を抹消すること。

宛名が「〇〇〇〇行」となっていたら「行」を消して「様」に書き換えること。

抹消は二重傍線できれいに記すこと。相手方の書いた文字なので乱雑な消し方をしないこと。

　※　慶事の場合、二重線ではなく、『寿』の字で消すこともある。

差出人の郵便番号・住所・姓名は省略することなく完全に記すこと。

出欠いずれにせよ、受信者に対する心遣いの言葉を添える。

例：同窓会　出席　お世話になります。当日を楽しみにしております。

　　　　　欠席　せっかく計画していただきましたのに出席できず残念です。ご盛会をお祈り
　　　　　　　　します。

　　結婚披露宴　出席　ご結婚おめでとうございます。喜んで出席させていただきます。

　　　　　　　　欠席　ご結婚おめでとうございます。当日はあいにく公用のため出席できませ
　　　　　　　　　　　ん。お二人の末永いお幸せを心からお祈り申し上げます。

第15課　手紙と葉書①

　手紙や葉書には一定の形式や様式（筆記用具や用紙・封筒など）がある。形式に関しては、時代とともに簡略になっていく傾向にあるが、相手に対して礼を失しないようにするには、最小限身につけておかなければならない約束事がある（第24〜26課を参照のこと）。手紙の一般的な形式は次のとおりである。目上の人には句読点をつけないのが伝統的である。

後付	末文	主文	前文

前文
①拝啓
②日増しに夏らしくなって参りましたが
③園長先生はじめ皆様方には　その後　お変わりございませんか　お伺い申し上げます

主文
④さて　実習中は　大変お世話になりまして　まことにありがとうございました　おかげさまで〜（体験した具体的な事柄などを記す）や〜など多くのことを学ばせていただきました　この貴重な体験を生かして　保育士・幼稚園教諭を目指して今後ますます勉強に励みたいと存じております

末文
⑤本来ならばお目にかかって御礼申し上げるべきところですが　まずは書中をもって御礼申し上げます　園長先生はじめ皆様方のご健康を心からお祈り申し上げます
⑥敬具

後付
⑦令和六年六月十四日
⑧自由ヶ丘国際大学家政学部保育学科四年　文野ミチ子
⑨山野正先生

前文
①頭　　　語：「拝啓」は「へりくだって申し上げます」という意味である。女性は「つつしんで申し上げます」のように和語を用いることもある。「頭語」は必ず「結語」と対応させること。

②時候の挨拶：省略する場合は、頭語は「前略」となる（結語は「草々」）。前略とは、「前文の挨拶を省きます」という意味である。目上の人に対しては用いないのが普通である。

③安否の挨拶：まず相手の安否をうかがい、続いて自分側の安否を伝える。これ以外に、感謝や疎遠のお詫びなどを加えることもある。

主文
④起　　　辞：改行し、書き出しは「さて」「ところで」などの言葉を用いる。

末文
⑤終わりの挨拶：用件をまとめ、相手の健康・幸せを祈る言葉を添える。
⑥結　　　語：必ず頭語と対応させること。「かしこ」は女性特有の結語である。

後付
⑦日　　　付：本文より2字ほど下げ、やや小さめに年月日を記す。西暦・和暦どちらか一方でよい。
⑧差　出　人：必ず姓と名とを書く。
⑨受　取　人：敬称は重複させない（誤った例：先生様　各位殿）。

基本問題

① 解答欄の表は、頭語と結語の対応を示したものである。空欄(1)〜(4)に入る言葉を下から選んで、表を完成させなさい。

　拝復　　謹啓　　草々　　冠省　　かしこ　　謹白　　敬具
　（はいふく）（きんけい）（そうそう）（かんしょう）　　　　（きんぱく）（けいぐ）

② 解答欄の表は、時候の挨拶を示したものである。空欄(1)〜(12)にあてはまる言葉を下のア〜シから選んで、表を完成させなさい（なお、地域差も考慮すること）。

　ア　風薫るころとなりました
　イ　朝夕はしのぎやすくなってまいりました
　ウ　残寒かえってきびしいおりから
　エ　秋寒が身に染むころとなりました
　オ　肌寒くなってまいりました
　カ　一雨ごとに暖かくなってまいります
　キ　暑中お見舞申し上げます
　ク　暮れもおしつまってまいりました
　ケ　肌に秋風を感じるころとなりました
　コ　紫陽花が美しく咲いております
　サ　桜の花の咲くころとなりました
　シ　初春とはいえきびしい寒さでございます

③ 次の文を、目上の人に差し出す手紙にふさわしく書き改めなさい。
　(1) その後どうしてますか。
　(2) 先生もますます元気で頑張っていることと思います。
　(3) みんな変わりなく元気でいてくれるものと喜んでます。
　(4) 私たち全員元気でやっています。どうぞ安心してください。
　(5) いつもいろいろと心にかけてもらって感謝してます。
　(6) お久しぶりですね。
　(7) 年末でいろいろ忙しいでしょうけど元気で頑張ってね。
　(8) このところずっとこんな天気だし、体に気をつけてね。

④ 前ページの手紙の例を見て、手紙文の特徴をまとめなさい。

基本問題　　　第15課　手紙と葉書①

①		頭　　語	結　　語	
	一 般 的 な 場 合	拝啓　拝呈	(1)	拝具
	丁 重 な 場 合	謹啓	(2)	敬具
	略 式 の 場 合	前略	(3)	
	返 信 の 場 合	(4)	敬具	

②	月		時 候 の 挨 拶	
	1 月	新春の候　　厳寒のみぎり	(1)	
	2 月	晩冬のみぎり　　余寒の候	(2)	
	3 月	孟春の候　　早春の候	(3)	
	4 月	春暖の候　　花冷えの候	(4)	
	5 月	晩春の候　　新緑の候	(5)	
	6 月	初夏の候　　梅雨の候	(6)	
	7 月	盛夏の候　　猛暑の候	(7)	
	8 月	晩夏の候　　残暑の候	(8)	
	9 月	初秋の候　　秋涼の候	(9)	
	10月	秋冷の候　　秋たけなわの候	(10)	
	11月	晩秋の候　　向寒のみぎり	(11)	
	12月	初冬の候　　寒冷のみぎり	(12)	

学　年	クラス	学生証番号	氏　　名	検　印

基本問題　　第15課　手紙と葉書①

③	(1)	
	(2)	
	(3)	
	(4)	
	(5)	
	(6)	
	(7)	
	(8)	
④		

添え状

　就職活動先の企業に書類を送る際には「添え状」を入れるのが礼儀として一般的である。添え状はカバーレターのことであり、送付状ともいう。

　エントリーシートをもらい、それを提出するときにはもちろんだが、一般には履歴書・成績証明書・健康診断書等を提出するときに送付する。応募書類に記載した内容をさらにまとめ、書類の漏れや内容にミスが無いことを防ぐ役割を果たす場合もある。添え状は「よろしくお願い致します」という挨拶もかねているので、丁寧に書くことで、相手にいい印象を与えることができる。そこではビジネスマナーの程度を判断されてしまうこともあるので注意が必要である。

　なお一般的に送付状には以下のような項目が含まれる。

　・送付日　　・宛先　　・送付者
　・件名（「～のご送付について」と内容が分かるような見出しを記す。）
　・前文（手紙の形式に従う。頭語・時候の挨拶・感謝の言葉・結語の順。）
　・主文（さて、からはじまり、内容について書く。）
　・記（別記のこと。箇条書きにする。1 履歴書 2 成績証明書 3 卒業見込証明書、その他企業から要求されたもの。送付枚数も上記箇条書きのすぐ横に「～通」と記す。最後に一行あけて「以上」と結ぶことが一般的である。）

第 **16** 課　手紙と葉書②

　手紙にしようか、葉書にしようかと迷ったことはないだろうか。原則として手紙は正式、葉書は略式であるから、目上の人には手紙の方がよい。封書でもらった手紙の返事は、封書にする。また、葉書に余白もなしに小さな文字でびっしりと書くのは見苦しい。7、8行をこえるときは手紙にする方が望ましい。葉書は簡略を旨とするので前文はごく短くするのが普通である。手紙・葉書を書くときの留意点は次のとおりである。

1．相手の氏名や「先生」「ご家族の皆様」など相手を示す言葉は行を改め、「ご配慮」「ご指導」などの相手の行為を示す言葉についても、行末にこないように配慮する。また、「私」「家族」「拙宅」「弊社」など自分に関する言葉は、行頭にこないよう字配りに気をつける。
2．便箋は2枚以上にわたるように用い、最後の便箋が後付だけにならないように工夫する。
3．追伸文は、後付の後に、本文より少し下げて、「追伸」「なお」「追って」などと書き、1字あけて短くまとめる。目上の人にあてた手紙や弔問文に用いてはならない。
4．弔問文や災害見舞いなどは、前文を省略する。「再び」「重ねて」「くれぐれ」などの「重ね言葉」は、不幸が重なることを連想させるので使わない。
5．差出人の住所と郵便番号は必ず記す。
6．封書で、宛名となっている本人に自分で封を切って読んでほしい場合には、表側に「親展」と書く（一般的には朱書き）。

基本問題

① 　次の文面は、葉書の書き方を誤った例である。第15・16課の解説文にしたがって、適切な文面に書き改めなさい（ヒント：誤字・字配り・形式に気をつけること）。

(1)

拝啓　ようやく春らしくなってまいりました。おかわりなくお過ごしでいらっしゃいますか。
さて、このたびは私の就職に際しまして、お心のこもった手紙とともに、三万円もお祝いをいただきましてありがとうございました。伯父様のお言葉を忘れず、これからは社会人としての責任と誇りをもち、誠実に生きて行きたいと思います。
今後ともどうかよろしくご指導くださいますようお願い申し上げます。
まだまだ薄ら寒い日もございますのでどうかご自愛のほどお祈り申し上げます。

伯父様には

早々

(2)

前略　日頃は御不沙汰を重ねております。暑中見舞いのお葉書を差し上げよう差し上げようと思っていたのですが、なにしろこの夏はあまりに涼しくて、とうとう機会がありませんでした。早くも秋らしくなってまいりました。私は元気ですが、先生はおかわりございませんか。
さて、先々月の展覧会ではたいへんお世話になり、まことにありがとうございました。大勢の人に見ていただき、今後のはげみになりました。
以上とりあえず、御礼まで。

敬具

73

応用問題

① 下の文章を読んで(1)(2)に答えなさい。

(1) 封筒の表書・裏書をしなさい。

(2) 便箋2枚にお礼状または詫び状を書きなさい（どちらにするかは先生の指示にしたがうこと）。その際、69ページを参考にしなさい。

　イギリスのメールフレンドに英語で手紙を書こうとしたところ、必要な単語がどうしても手元の和英辞典では出てこない。担任の山下先生に相談したところ、専門用語がたくさん載っている大辞典を1学期中という期限つきで自宅に郵送して下さった。消印は5月9日である。私はさっそくお礼状を書くことにした。

　ところが先生に借りていた大辞典をつい返し忘れ、そのまま夏休みに入ってしまった。気がついたら今日はもう8月9日になっていた。このまま休み明けまで手元におくわけにもいかない。そこで、お詫びかたがた近日中に先生のお宅へ本を持って行きたいという内容の詫び状を書くことにした。

　先生の氏名：山下敦雄

　先生の住所：〒123-1234　月見市西区くじゃく町45

郵便知識も社会常識

　スマートフォンやEメールなどでいつでもどこでも連絡がとれる世の中ではあるが、社会では手紙や葉書もまだまだ利用されている。手紙や葉書の文面についてのマナーはもちろん、「定形外郵便物とは何か」といった郵便に関する基本的な知識も社会人として必要である。こうした知識を身につけるには、『手紙の書き方』といった類の本を読むのも有効だろう。しかし、急ぐ場合や適当な本が手元にない場合、郵便事業株式会社の「お手紙文例集（レターなび）」(http://www.post.japanpost.jp/navi/main.html) を活用すると意外に役立つことが多い。郵便番号・郵便料金・手紙の書き方をはじめ、小包や書留郵便物の配達状況まで調べることができ、文例集やグリーティングカードの印刷用テンプレートなども無料で利用できるようになっている。

基本問題　　　第16課　手紙と葉書②

▼この欄は縦書きで解答すること

①

(1)

(2)

学　年	クラス	学生証番号	氏　　名	検　印

応用問題　　　　　　　第16課　手紙と葉書②

（1）　　　　　　　　　　　　　▼封筒表　　　　　　　　　　　　　　　▼封筒裏

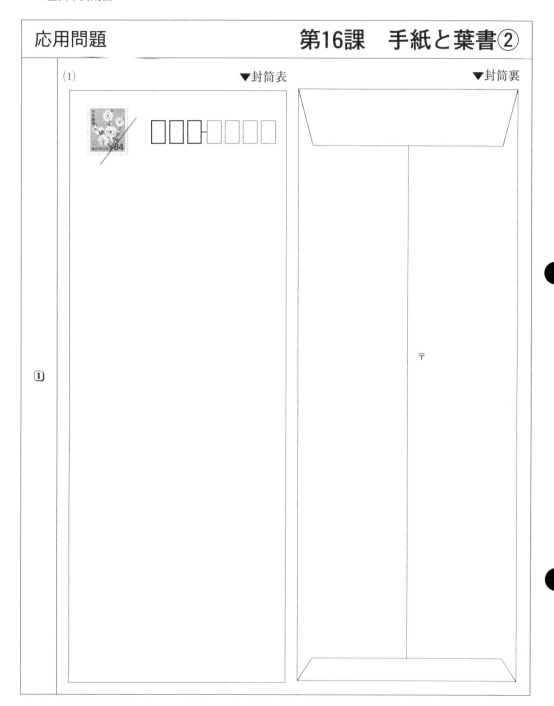

①

応用問題（NO.1）　　　第16課　手紙と葉書②

① (2) ▶この欄は縦書きで解答すること

学　年	クラス	学生証番号	氏　名	検　印

応用問題（NO.2）　　　　　第16課　手紙と葉書②

① (2)

第 17 課　日誌

　「学級日誌」「介護日誌」「保育日誌」「教育実習日誌」等、いろいろな日誌を付けることがある。日誌に記録すべきことは、「正確な事実」である。「正確な事実」を「複数の人々と共有するため」に私たちは日誌を付けるのである。そして「正確な事実」に対して「考察」を加え、問題点を改善する手がかりを探ることが重要である。「現状を改善するための記録」、それが日誌なのである。

　日誌に記録する「事実」には、日誌を記入する者が観察したこと、体験したことのうち、「現状を改善するため」に「複数の人々と共有する」のにふさわしい情報を選ばなくてはならない。そして、その「事実」を「正確」に記述するためには「いつ（when）、どこで（where）、だれが（who）、なにを（what）、どのように（how）したのか」を明らかにしなければならない。

　その「事実」を「考察」し、反省すべき点、改善策等の「意見」を記述することにより、現状を改善していくのである。

　日誌は「現状を改善するための記録」といえる。ここで肝心なのは、「現状改善」の当事者意識を持つことである。何か改善すべき問題点を発見した時に傍観者、批判者の立場にとどまってはいけない。「教室にゴミが散乱しているのは不衛生なので、どうにかしてほしい。」というような、他人任せの態度ではいけない。「教室にゴミが散乱しているのは不衛生なので、このような状態を防止するために策を考え、提案したい。」等、当事者意識を持った記述を心がけよう。具体的な策や提案ができれば、なおよい。

日誌を記入する時の留意点
　１．すべての項目を空欄・隙間のないように記述する（十分な情報量を確保するため）。
　２．青か黒のインクで書く（記録の保存・改ざん防止のため）。
　３．段落を意識して、書き出しは常に一マスさげる（読みやすくするため）。
　４．簡潔な表現をこころがける（読みやすくするため）。
　５．当事者意識を持つ（問題解決の際、傍観者の立場をとらないため）。

学習日誌　　9月　　4日　　水曜日　　　　記入者（　　文野ケイ子　　　）		
時間	学習内容	出来事・考察
1限 9：00〜10：30	「国語表現法」 ・日誌の書き方	①日誌はパブリックなものである。「若者ことば」や「方言」といった話し言葉ではなく、書き言葉で正確に記述する必要があることを学んだ。その後、実際に学習日誌を書いてみた。読み直してみたら、私は「なので」、「あと」という言葉を文頭に使ってしまうことが多かった。②文頭の「なので」も「あと」も話し言葉だと気づいた。③「だから」、「さらに」といった正しい書き言葉を使うようこころがけたい。 ※①出来事　②考察　③改善策

基本問題

① 次に挙げる保育実習日誌の傍線部㋐〜㋔の箇所を以下の⑴〜⑸の項目に分類し、記号で答えなさい。

⑴ いつ　⑵ どこで　⑶ だれが　⑷ なにを　⑸ どのように

９月６日
　㋐給食の時間に２歳児クラスの㋑Aちゃんが、水の入ったピッチャーをひっくり返してしまった。㋒あわてて手近にあった台ふきでテーブルを拭き、掃除器具置き場まで床を拭くための㋓ぞうきんを取りに行った。㋔教室に戻って床を拭き終わった時、はじめてAちゃんが泣いていることに気づいた。片付けに夢中で、Aちゃんのことをすっかり忘れていた。

② 上記の保育実習日誌に記録された「事実」に対する「考察」「意見」を記述しなさい。

応用問題

① この一週間のうちの１日を選び、いつ、どこで、だれが（だれと）、なにを、どのように過ごしたのかを時間順に記しなさい。箇条書きでも構わない。プライバシーに関することで記述したくないことは書かなくてもよい。

② 応用問題①で記述した１日について、問題点を考察し、改善策を考えなさい。問題点がない場合は、問題なく過ごせた理由を考察しなさい。

③ この一週間のうちの１日を選び、あなたが学んだことを時間割順に「学習日誌」に記入しなさい。
　１．この日誌を書く目的を意識すること（明日の課題を見つけるために書くのである）。
　２．課題はできるだけ具体的に書くこと。
　　　○良い例　遅刻が多いので、前の晩は早く寝て、教室移動はすばやくする。
　　　×悪い例　明日からちゃんとする。

基本問題　　　　　第17課　日誌

①	(1)	(2)	(3)	(4)	(5)

②

応用問題

①

②

| 応用問題 | 第17課　日誌 |

学習日誌　　月　　日　　曜日　学生証番号（　　　　　　）記入者（　　　　　　　　）

③

時間	学習内容	出来事・考察

一日の学習を振り返って

明日の課題

第**18**課 履歴書

　履歴とは、現在までに経験してきた学業・職業・賞罰などの経歴のことである。この経歴を一定の方式にしたがって作成した書類が履歴書である。履歴書には、市販のものや提出先が指定した独自の形式のものがある。また、最近では学校でオリジナルの履歴書を作成している場合も多い。

　いずれにしても履歴書は、志望する就職先などに自分を理解してもらう最初の機会である。人事担当者は、そこに記載されている事柄を手がかりにして（社会人としての最低限のエチケット、将来性、仕事に対する熱意、専門知識の有無などを総合し）、応募者がその会社に適しているかどうかを判断する。履歴書を提出した時点から面接が始まっているといっても過言ではない。記入する際の注意点は次のとおりである。

1．筆記用具は、万年筆（ブルーブラックまたは黒）を使用すること。
2．文字は楷書で丁寧に読みやすく書くこと。
3．数字は原則として算用数字を用いること。
4．「学歴・職歴」は、まずはじめに《学歴》と記し、学歴欄を設ける。義務教育については、一般に大学生の就職活動の場合は記入する必要はない。
5．次に《職歴》と記し、職歴欄を設ける。就職の経験がないときは「なし」と書く。
6．そのほか、設けられている項目はすべて記入すること。「志望の動機」や「特記事項」の欄では、意欲が伝わるよう具体的に表現するよう心がけること。
7．アルバイトであってもある程度仕事に習熟できているのであれば、仕事の能力としてアピールできるので書いてもよい。ただし、企業によって見解はさまざまである。

基本問題

① 　次の(1)〜(7)は、履歴書を作成する際、特に留意すべき点である。正しいものには○を、誤っているものには✕を記し、訂正しなさい。
(1) 記入する日付は、作成した日である。
(2) 姓名は、戸籍に記載されている字体で記入する。
(3) 書き間違えたら、修正液できれいに訂正する。
(4) 学歴は、浪人している場合、予備校名も正確に記す必要がある。
(5) 免許・資格は、取得したものすべてを列挙する。
(6) 志望の動機は、「御社の将来性」「安定性」「社風」など、どこの企業でも通用する無難な言葉でまとめる。
(7) 本人希望記入欄は、その企業に就職したいという熱意や意欲の強さを伝えることになるため積極的に記載する。

《履歴書の例》

「ふりがな」とあれば
ひらがなで書く。
「フリガナ」とあれば
カタカナで書く。

「西暦」「元号」は、
会社案内の書き方に
したがう。

都道府県名は省略し
ない。マンション名、
部屋番号まできちん
と書く。

文字のバランスに気
をつける。「〃」「同
上」などの省略記号
は使用しない。

履　歴　書　　　令和 6 年 7 月 1 日現在

ふりがな	ふみ　の　　まなぶ
氏　名	文　野　　学　　㊞文野

平成 14 年　5 月　25 日生（満 22 歳）　男・女

ふりがな　きょうとふきょうとしにしきょうくきたまち
現住所　〒615 -1212
京都府京都市西京区北町1丁目2番メゾンシャルレ301号

ふりがな　かながわけんつきみしみなみちょう
連絡先　〒123 -1234　　　（現住所以外に連絡を希望する場合のみ記入）
神奈川県月見市南町4番8号　　　　　　　文野一郎 方

電話
TEL.
075 -123 -4567
E-mail.
manabu@nifty.com

電話
TEL.
12 -345 -6789
FAX.
12 -345 -6767

写真をはる位置

写真をはる必要が
ある場合
1.縦 36 ～ 40 mm
　横 24 ～ 30 mm
2.本人単身胸から上
3.裏面ののりづけ

年	月	学歴・職歴(各別にまとめて書く)
		《 学　歴 》
平成30	4	月見市立紫明高等学校入学
令和3	3	月見市立紫明高等学校卒業
令和3	4	嵯峨野大学社会学部社会学科入学
令和7	3	嵯峨野大学社会学部社会学科卒業見込
		《 職　歴 》
		な　し
		以　上

※近年では、志望する就職先などからの指定がなければ、パソコンやアプ
　リケーションで作成してもよい。

年	月	賞・罰 (各別にまとめて書く)
		な　し

年	月	免　許・資　格
令和2	9	実用英語技能検定2級
令和3	8	普通自動車免許
令和7	3	図書館司書資格取得見込

「免許」「資格」は正
式名称を記入する。
卒業のときに取得見
込の資格も書く。

志望の動機、特技、好きな学科など	通勤時間
個性や持ち味が出るよう、裏づけとなる実績やエピソードを盛り込みながら、具体的に記入する。入社への希望と熱意が伝わるようにする。	約　　　時間　50 分
	扶養家族数(配偶者を除く)　　　0 人
	配偶者　　　　配偶者の扶養義務 ※ 有・無　　※ 有・無

1. 文章形式
2. 箇条書き
3. 項目のみ
などの書き方がある。
簡潔な表現が好まれ
る。

本人希望記入欄(特に給料・職種・勤務時間・勤務地・その他についての希望などがあれば記入)

（職種）　　　広報部門を希望します

（勤務時間）　残業可

給料・職種・勤務時
間・勤務地・その他に
ついて希望などがあれ
ば書く。

保護者(本人が未成年者の場合のみ記入) ふりがな		電話
氏　名	住　所 〒	

② 次の(1)(2)の不適切なところを、適切な表現に改めなさい。

(1)

特技・好きな学科・志望の動機など
得意学科はゼミ。趣味はボランティア・海外旅行・映画鑑賞・スポーツ観戦・食べ歩きなど多趣味です。御社を志望した動機は、御社の伝統ある社風が自分の性格に最適と考えたからです。

通勤時間 約 1 時間 10 分	扶養家族数（配偶者を除く） 人	配偶者 有・無	配偶者の扶養義務 有・無

(2)

本人希望記入欄 （　　　）……特に希望などがあれば記入。
（職種）　メーカー希望
（勤務時間）　特になし
（その他）

応用問題

① 解説文と84・85ページの《履歴書の例》にしたがって、就職希望先に提出する自分の履歴書を作成しなさい。

@マーク

　電子メールのアドレスでおなじみの@マーク。日本では「アットマーク」、英語では「at sign」と呼ばれる。正式名称は単価記号といって会計の略記号である。一般にほとんど使われることのない記号であったことから、アドレス名とドメイン名との区切りに採用されるようになった。このマーク、世界ではいろいろな呼び方をする。イタリアでは「chiocciola キオッチョラ（かたつむり）」、オランダでは「apenstaartje アーペンスタールチェ（猿の尾）」、ロシアでは「собака サバーカ（犬）」、ギリシャでは「παπάκι パパキ（小さなアヒル）」、それぞれの国で、かたつむりや犬、小さなアヒル、しっぽを丸めた猿などに見えたりしているのが興味深い。それまでほとんど知られることのなかった記号が一躍脚光を浴びて、世界の人々に愛されているのがわかる。それぞれの国の名称を知って「@」の形を見ているといろいろな動物に見えてくる。実は日本にも俗称がある。「なると」。今度は、ラーメンの上にのっかっている鳴門巻きに見えてきませんか？

基本問題　　　　　　　　　　　　　　第18課　履歴書

①	(1)	
	(2)	
	(3)	
	(4)	
	(5)	
	(6)	
	(7)	

②	(1)	特技・好きな学科・志望の動機など

通勤時間　　　約　　　時間　　　分	扶養家族数（配偶者を除く）　　　人	配偶者　　有 ・ 無	配偶者の扶養義務　　有 ・ 無

	(2)	本人希望記入欄（　　）……特に希望などがあれば記入。
		（職種）
		（勤務時間）
		（その他）

学　年	クラス	学生証番号	氏　　名	検　印

応用問題　　第18課　履歴書

①

履歴書　　　　　　　年　月　日現在

ふりがな	
氏　名	

年　月　　日生（満　　歳）	※ 男・女

写真をはる位置

写真をはる必要が
ある場合
1. 縦　36 〜 40 ㎜
　　横　24 〜 30 ㎜
2. 本人単身胸から上
3. 裏面のりづけ

ふりがな	電話
現住所　〒	

ふりがな	電話
連絡先　〒　　　　　　　　　　（現住所以外に連絡を希望する場合のみ記入）	
	方

年	月	学歴・職歴（各別にまとめて書く）

応用問題　　　　　　　　　第18課　履歴書

年	月	賞・罰（各別にまとめて書く）

年	月	免　許・資　格

①

志望の動機、特技、好きな学科など	通勤時間
	約　　　　時間　　　　分
	扶養家族数(配偶者を除く) 　　　　　　　　　　人
	配偶者　　　　配偶者の扶養義務 ※　有・無　　※　有・無

本人希望記入欄(特に給料・職種・勤務時間・勤務地・その他についての希望などがあれば記入)

保護者(本人が未成年者の場合のみ記入) ふりがな		電話
氏　名	住　所　〒	

学　年	クラス	学生証番号	氏　　　名	検　印

《案内状（縦書き）の例》

拝啓

　秋も深まってまいりました。

　皆様方にはお変わりなくお過ごしのこととお喜び申し上げます。

　さて、このたび左記のように、ささやかな水彩画の個展を開くことになりました。長年の夢が叶い、うれしい気持ちでいっぱいでございます。

　お忙しいこととは存じますが、お近くにおいでの際はぜひお立寄りくださいますようお願い申し上げます。

敬具

令和六年十月一日

文野章子

石田達三様

記

日　時　　十一月九日（土）～十一月十四日（木）

　　　　　午前十一時～午後六時

場　所　　月見市文化産業会館第２展示室

　　　　　月見市三丁目五の十三

　　　　　☎１-２３-４５６-７８８９

　　　　　（月見駅西口より西へ百メートル）

※元号ではなく西暦で書くこともある。

第19課　エントリーシート

エントリーシートのエントリーとは、一般に競技会などへの参加・登録を意味する。つまり、企業の採用試験において、「貴社の採用予定者の一人となるべく選考に参加・登録いたします」という意志を表明する用紙がエントリーシートなのである。

企業の採用時期や採用方法は多様化している。多くの企業はまずエントリーシートで書類選考し、筆記試験や面接などへの参加者を絞りこんでいる。企業のホームページへアクセスしてインターネット上や電子メールなどで直接エントリーできる企業が多い。

大企業などでは、エントリーシートをおろそかにすると説明会にすら呼んでもらえない場合がある。事実上の第一次試験と考えてよい。さらにこのシートは選考に残った後も最終面接まで影響を与える大変重要なものである。

内容は、自己をプレゼンテーションするという性格のものである。企業は大学名に関係なく人物本位で採用する傾向が強い。自分という商品をいかに売り込むかをよく考えて作成することが肝要だ。エントリーシートの中身を見て、ぜひ会ってみたい人物だ、と思わせるようにアピールしたい。もっとも、みえみえの売込みはかえって逆効果。自分の個性を素直に訴えることができれば、エントリーシートは就職活動であなたの武器になるだろう。記入する際の注意点は次のとおりである。

１．基本的な文章ルールを守る。

２．自分の力を知る（自己分析）。

３．どのような企業であるかを知る（企業分析）。

４．嘘を書いたり、知ったかぶりの知識を使ったりせず、自分が学生時代に打ち込んだことを自分の言葉で表現する。

５．入社への熱意や積極性がよく伝わるように書く。

６．個性を強調し将来性をアピールする。

実際の就職活動では、応用問題で挙げた質問を聞かれることが多い。今すぐに答えることが難しくても、これらの質問をされることを意識しながら学生生活を送ってほしい。

採用選考の基本的な流れ

資料請求・プレエントリー・エントリー　▶　説明会・セミナー参加　▶　エントリーシート（ES）提出　▶

筆記試験・小論文・性格適性検査　▶　面接（数回）グループ面接・個人面接・役員面接　▶　内々定内定

基本問題

① 次の(1)～(7)は、エントリーシートを作成する際、特に留意すべき点である。正しいものには○を、誤っているものには×を記し、訂正しなさい。

(1) 将来の仕事に役立つか否かは別にして、ゼミやサークルなどの活動の経験をできるだけ多くかつ詳しく書く。

(2) エントリーシートは業界や企業によって質問事項に相違があるが、ある程度決まった型があるので、早い時期から時間をかけて十分に書く練習をしておけば心配することはない。

(3) エントリーシートを書くにはまず自己分析をしなければならない。つまり、自分のやりたいこと、夢中になって取り組めることに目を向け、自分の本質をよく知ってから書く必要がある。

(4) 何が問われているかを常に意識していることは必要だが、あまり強く意識するとかえってぎくしゃくした文章になる恐れがある。作為まるみえの受けをねらった文章は避けること。

(5)「個性」はかつてはあまり重視されなかったが、最近では人物評価の最上位に位置付けている会社もある。その場合、自分らしさというよりは企業にとって有利な思想を持ち合わせているかどうかを見るようである。

(6) エントリーシートは履歴書と違い１部しかないため、誤字・脱字をしてしまったら修正液で訂正するほかない。したがって指定のない場合は鉛筆書きも許される。

(7) 表現力は基本的に関係なく、何の変哲もない書き方であっても、内容さえ分かればそれでよい。

応用問題

① エントリーシートを作成しなさい。

基本問題		第19課　エントリーシート	
①	(1)		
	(2)		
	(3)		
	(4)		
	(5)		
	(6)		
	(7)		

応用問題　　第19課　エントリーシート

ふりがな 氏　名		生年 月日	年　　月　　日生

ふりがな 現住所	〒 自宅電話　　　　　　　/携帯電話　　　　　　　/E-mail

学　校	大学　　　　学部　　　　学科

語　学 資　格 特　技	

①

●あなたが学生生活において興味をもっていること、これから勉強していきたいことを
　挙げてください。

●あなたが今までに最も努力をしてチャレンジしたことは何ですか。
　その目標にどのように取り組み、そこで得たものは何でしたか。

学　年	クラス	学生証番号	氏　　名	検　印

応用問題　　　　　　第19課　エントリーシート

①

● あなたが高校時代までにクラブ活動や学校行事などで果たした役割について、具体例を挙げて書いてください。

● さまざまな考えを持った人々と生産的な関係を築き上げ、よい結果を得た例を挙げてください。

学　年	クラス	学生証番号	氏　　名	検　印

応用問題　　　　第19課　エントリーシート

①
●あなたの身のまわりについて、現状の改善ために提案したいことを具体的に書いてください。

●あなた自身を一言で表現してください。

インターネット上の「文責」

　「文責　文野ミチ子」と記された署名記事がある。その文章について、内容の信憑性や記事が人々に与える影響等、すべて「文野ミチ子」が責任を持つという意思表示である。「文責」を背負った筆者はありとあらゆる配慮をして文章を書くことだろう。

　一方、近年我々の生活に欠かせなくなったインターネット、そこでのやりとりは匿名で行われることが多い。不特定多数の人々とやりとりをする掲示板などでは犯罪のターゲットにならないためにもハンドルネーム（ネット上の名前）を用いるのが望ましい。が、ハンドルネームで本名を隠したからといって、あなたの「文責」が消滅したわけではない。匿名の気安さから誹謗中傷を書き込んだり、肖像権や著作権を侵害してしまうことのないように、あなたの書き込んだ文章に責任を持とう。

　インターネット上にも実生活同様にエチケット（礼儀・作法）がある。それを「ネチケット」と呼ぶが、ネチケットを守ることは難しくはない。実生活同様に他者に配慮し、自分の言動に責任を持てばよいのだ。

第20課　ビジネス文書

　会社などにおける業務の処理は、文書によって行われる。これを「文書主義」という。処理が迅速かつ効率的に行われるように、文書は書式が定められている。用紙は、国際規格であるＡ４サイズ（210×297 mm）が主流である。

①月商総発　第250号
②令和6（2024）年8月19日

③松本商店
　　代表　松本哲也様

④月見市商工会議所
　　会頭　鈴木花子㊞

⑤「経営者会議」開催について⑥（ご通知）

前文　拝啓　残暑の候、貴店にはますますご隆盛のこととお喜び申し上げます。平素は、当会議所の活動に格別のご理解をたまわり厚く御礼申し上げます。

主文　さて、当会議所では、広く市内事業所の皆様にご意見をいただくために「経営者会議」を企画いたしました。
　つきましては、第1回会議を、下記の要領で開催いたします。ご多忙とは存じますが、万障お繰り合わせの上、ぜひご出席のほど何とぞよろしくお願い申し上げます。

末文　なおご不明点につきましては、下記担当佐藤までお問い合せ下さい。
敬具

記

日　時　　令和6（2024）年9月6日（金）午後1時～3時
場　所　　月見市商工会議所新館8階　第2会議室
内　容　　1．会長挨拶
　　　　　2．……

以上

⑧担当　総務部総務課　佐藤
☎01-456-7890（内線101）

記書き

①文書番号：発信部署単位の連番で記される。
②発信日付：文書を発送する日付を記す。
③受信者名：社名・職名・氏名を書く。敬称は手紙の書き方に準じる。
④発信者名：発信責任者の社名・職名・氏名などを記し、印鑑を押す。
⑤表　　題：表題は「～について」と記されることが多い。
⑥件　　名：「案内」「依頼」「通知」「報告」など、文書の種類のことである。
⑦記書き：箇条書きにする（番号を記す場合もある）。
⑧担当者名：実務担当者の氏名・連絡先を記す場合もある。

基本問題

① 次のビジネス文書を読んで、(1)〜(4)の問に答えなさい。

総発　第32号

令和7（2025）年1月16日

桂川大学

　　外国語学部　岡本昭生先生

岡田商事

　　　　　総務課長　鈴木光司㊞

(3)

①キンケイ　厳寒の候、岡本先生におかれましては、ますますご②ケンショウにてお過ごしのこととお喜び申し上げます。

　平素は、格別の⑦指導をしてもらって、厚く御礼申し上げます。

　さて、当社におきましては、本年も新人研修を④下に記すように、開催することになりました。

　つきましては、先生にご講演を⑦お願いしたいと思います。④忙しいところをすみませんが、何とぞ③シュシをご理解いただき、ご④ショウダクくださいますようお願い申し上げます。

謹白

記

(4)

　　講演は4月4日（金）、午後1時から3時まで、岡田商事ビル3階第1会議室で行います。当社新入社員を対象に「社員としての心構え―接客とマナー―」という講演内容でお願いします。

以上

担当　総務課　内田

☎01-654-3210（内線123）

(1) ①〜④の**カタカナ**を漢字に改めなさい。

(2) 下線部⑦〜④を、手紙のマナーにしたがって適切に言い換えなさい。

(3) この文書には表題（件名）が記されていない。次の四つの中から適切と思われるものを一つ選びなさい。

・新人研修について（ご依頼）

・新人研修の講演について（ご案内）

・新人研修の講師について（ご依頼）

・新人研修の講師依頼について（ご案内）

(4) 記書きの部分を、4項目の箇条書きにしなさい。

応用問題

① 岡田商事では、日々増大するビジネス情報を的確に把握し、日常業務に有効に活用していくため、これまでの情報処理システムを抜本的に改革することになった。そこで、各界の有識者15名からなる「情報処理システム改善委員会」を発足させた。委員長には桂川大学教授で情報工学を専門とする川瀬太一郎教授、事務局長には岡田商事の小島信人総務部長が就任した。第1回の会合は、令和6（2024）年11月15日（金曜日）午後2時から4時まで、本社4階の第3会議室で行われる予定である。

庶務課に勤務している文野ケイ子さん（内線番号125）が実務担当者としてこの会議の開催通知状を作成することになった。文書番号は庶発第100号、発信日は令和6（2024）年10月25日、発信者を小島総務部長として、情報処理システム改善委員各人あての文書を作成しなさい。会議の内容は次のとおりである。

1．委員長挨拶　2．今後の委員会活動について　3．その他

のし袋の常識

①贈り物やお金包みを結ぶ紐が水引、包みの右肩についた紅白の折形が熨斗（のし）。簡略には水引も熨斗も印刷された「のし紙」を使う。

②熨斗は贈り物に添えた「のしあわび」の名残。中身が生ものの時はつけない。弔事・病気見舞いにも使わない。

③水引は結婚・弔事のようにくり返しあってはならないことの場合は結び切りに、何度あってもよいことの場合は蝶結びにする。お布施、火事・災害見舞い、月謝には使わない。キリスト教でも使わないことが多い。

結び切り（真結び）　　　　結び切り（あわじ結び）　　　　蝶結び

水引の左右中央にフルネームを書く。

連名の時は右側が上位者。

左上に宛名を書いた場合は左側が上位者になる。宛名を書くのは同輩以下の場合に限る。

4人を超える時は中に全員の氏名を書いた半紙を入れる。

《照会状の例》

○○発　第123号

2024年7月3日

○○○○株式会社
○○○○様

○○○○株式会社
○○○○㊞

注文品不足の件について

拝啓　盛夏の候、貴社ますますご隆盛のこととお慶び申し上げます。

さて、弊社が2024年6月28日付け文書にて貴社製品○○○500個を注文いたしましたところ、本日7月3日に着荷いたしました。さっそく開梱いたしましたところ、4ケース400個しか入っておりませんでした。送り状は500個となっておりますが、荷造り様態からして4ケース分のスペースしかなく、何かの間違いかと存じます。事実関係を至急ご調査の上、不足分100個を納品していただきたく、お願い申し上げます。

なお、本日着荷分は現状のまま保存いたしておきますが、弊社としましても、400個だけでも早々に販売に回す必要がありますので、大至急ご確認くださるようお願い申し上げます。

敬具

担当　営業課　○○○○
☎012-345-6780（直通）

《詫び状の例》

○○発　第78号

2024年7月4日

○○○○株式会社
○○○○様

○○○○株式会社
○○○○㊞

注文品不足のお詫び

拝復　猛暑の候、貴社ますますご盛業のこととお慶び申し上げます。

さて、7月2日に発送いたしました弊社製品○○○が4ケース400個しか入っていなかったとのご連絡を受け、さっそく調査いたしましたところ、弊社担当者による荷造り発送時の手違いによるものと判明いたしました。ご迷惑をおかけいたしましたことを深くお詫び申し上げます。

今後はこのようなことのないよう、社員一同気を引き締めまして充分注意いたしますので、このたびはなにとぞご容赦くださいますようお願い申し上げます。本日ただちに不足分100個を発送いたしますのでよろしくご査収ください。

まずは取り急ぎお詫び申し上げます。

敬具

担当　営業部　○○○○
☎234-567-8910（直通）

基本問題　　第20課　ビジネス文書

総発 第32号
令和7（2025）年1月16日

桂川大学
　外国語学部　岡本昭生先生

岡田商事
総務課長　鈴木光司㊞

(3)
[　　　　　　　　　　　　　　　　]

①[　　　]　厳寒の候、岡本先生におかれましては、ますますご ②[　　　]
にてお過ごしのこととお喜び申し上げます。

　平素は、格別の ⑦[　　　　　　　　　]厚く御礼申し上げます。

　さて、当社におきましては、本年も新人研修を ⑦[　　　　]
開催することになりました。

　つきましては、先生にご講演を ⑦[　　　　　　　]。

⑦[　　　　　　　]、何とぞ ③[　　　]をご理解いただき、
ご ④[　　　]くださいますようお願い申し上げます。

敬具

記

(4)
[　　　　　　　　　　　　　　　　　　　　　]

以上
担当　総務課　内田
☎01-654-3210（内線123）

学　年	クラス	学生証番号	氏　　名	検　印

応用問題　　　　　　　　　　第20課　ビジネス文書

①

第 **21** 課　案内状

　案内状の形式は、基本的には手紙に準じる。前文・主文・末文（☞第15課）を書き、1行空けて次の行頭から何字か下げて「記」とし、次の行も1行空けて、通知する内容を箇条書きにする（この部分も前文などより行の頭を下げる）。

令和6（2024）年5月1日

西川仁志様

幹事　松本孝典

結婚披露パーティーのご案内

前文　謹啓　若鮎が川を上り、山の緑の美しい頃となりました。

主文　さて、このたび山崎ヒトシ君と文野ケイ子さんがめでたく結婚されることになりました。

　つきましては、下記のとおり、にぎやかに楽しくお二人の門出を祝うパーティーを開催いたしたく、ご案内申し上げます。

末文　お忙しいとは存じますが、ぜひご出席くださいますようお願い申し上げます。

敬白

記

　日　時：令和6（2024）年6月8日（土）午後6時〜8時30分
　場　所：ビストロ　グランドール
　　　　　大阪市中央区本町1丁目　北ビル3階
　　　　　☎06-6123-4567
　会　費：6000円

　なお、お手数ですが、同封の返信用葉書にて、ご都合のほどを5月17日までにお知らせくださいますようお願い申し上げます。

以上

※会場までの交通案内・地図を添えた方が丁寧であるが、本課では省略する。
　会合の終了時刻を明示すること。

基本問題

① 　文野学さんの所属する同好会が、卒業予定の上級生の「歓送会」を開くことになった。その案内状を 2 月 7 日付けで発送し、2 月21日までに人数を確認する必要がある。解答欄の案内状の適切な位置に、下の語句の中から適当なものを選んで書き入れ、案内状を完成させなさい。字配り・文字の大きさに注意すること。

- ●拝啓　　●敬具　　●先輩各位　　●代表幹事　文野学
- ●2025年 2 月 7 日　●日時　 3 月 9 日（日）午後 5 時～ 7 時
- ●軽音楽部2024年度歓送会のご案内　●記
- ●会場　「シアンクレール」（本学西門向かいの喫茶店　tel 123-1234）
- ●立春を過ぎたとはいえ、寒い日の続くこのごろです。
- ●つきましては、先輩方のご卒業をお祝いし、新たなご活躍をお祈りいたしまして、下記のとおりささやかな会を持ちたいと存じます。
- ●さて、このたびはご卒業おめでとうございます。先輩方にご指導いただいたお陰で、私どもも少しは上達することができたかとうれしく思っております。いろいろとお世話になり、後輩一同深く感謝しております。
- ●なお準備の都合上、ご欠席の場合は 2 月21日までに文野（tel 123-4567）までご連絡ください。
- ●お忙しいこととは存じますが、ぜひご出席くださいますようお願い申し上げます。

応用問題

① 　あなたは、高校 3 年生のときの同窓会の幹事をすることになった。同窓生に案内状を出すと想定して、90ページの例を参考に、次の内容の文面を作成しなさい。なお、発信日は自分で考えなさい（文章は縦書きとする）。

　日　　時　　令和 6（2024）年10月 6 日（日）　午後 4 時から 6 時まで
　場　　所　　ホテルムーンパレス 3 階「富士見の間」
　　　　　　　ホテルムーンパレス　月見市幸町10-1　tel 123-456-7890
　　　　　　　　　　　　　JR 月見緑地駅の東口改札を出て正面
　　　　　　会費　5000円
　　　　　　※ 9 月30日までに出席者数を把握したい。

基本問題　　第21課　案内状

①

学　年	クラス	学生証番号	氏　名	検　印

応用問題　　　　　　　　　　　　第21課　案内状

① ▶この欄は縦書きで解答すること

第**22**課　レポート・小論文

1．テーマの設定——何について書くか？

2．そのテーマについて先行研究や様々な意見を集める（☞110ページのコラム参照）。

3．集めた情報を整理する。自分の意見を補強するのに役立つ情報と、反対意見とに分ける。

4．反対意見に対する反論材料として使える情報を選ぶ。

5．これらをたとえば以下の段落に分けて配置し、自分の意見を述べる。
   ①　課題の明示　　　　　（今これこれのことが問題となっている。）
   ②　自己の意見　　　　　（これについて、私はこう考える。）
   ③　根拠の提示　　　　　（なぜならば～だからである。）
   ④　反論の予想　　　　　（たしかに～という考えもあるだろう。）
   ⑤　反論に対する反論　　（しかし～）
   ⑥　結　　　論　　　　　（したがってやはり～）

6．引用の目的と出所の明示。
　2で集めた多くの情報や意見は次のような目的で引用する。
　　ア．他者の意見やこれまでの研究をふまえるため
　　イ．自分の考えや研究の独自性を示すため
　　ウ．根拠を挙げたり、他者の考えを説明したりするため
　引用したりアイデアを得たりしたものについては、自他の区別を明確にし、他者の功績に敬意を払い、その出所を明示しなければならない。盗作は犯罪である。

引用のしかた
・　引用部分が短い場合、「　」でくくって、本文中に一字一句そのまま引用する。
・　引用部分が長い場合は、引用部分の前後を1行ずつ空け、引用部分全体を2文字下げして本文と区別する。
・　引用元の文献に書かれている内容を自分で要約して用いることもある（間接引用）。要約によって、著者の意図が誤って伝わらないよう注意。
・　出所の示し方（分野によって異なるのでその規程に従う）。
　一例を示すと、文中の引用部分の終わりに（　）をつけ、その中に（著者の姓、出版年、該当ページ）のみ記す。本文末尾の文献表に、
　　著者名（出版年）『書名』、出版社
のように記す。著者の姓のアルファベット順にすべて挙げる。同一著者の場合は出版年の早い順に挙げる。

ウェブサイトからの引用は

「ページのタイトル」（ページの URL）（202○年○月○日閲覧）

のように記す。

例えば

> 　イソップ物語「アリとキリギリス」に複数の結末があることは有名だ。夏の間、アリは冬に備えて働き続け、キリギリスは歌を歌って安楽に過ごす。やがて冬になり、食料の蓄えのないキリギリスがアリに助けを求めるが、アリは食べ物を分けてやらず、キリギリスを餓死させてしまう、というのが本来の筋である。しかし、それでは子どもに残酷すぎると、日本ではキリギリスを憐れんで救ってやるという筋が主流になってきた。しかし、日本の結末は教訓として甘いとの見方もあるらしい。
> 　子どもに読ませる物語として、あなたはどちらの筋の方がよいと思いますか。

という設問に対して小論文を書くには、まず対立する意見をできる限りたくさん挙げて、それらを①〜⑥に適切に配置する。

本来の筋書きの方がよい

・　「普段怠けていては困るときが来るよ」ということを子どもには教えるべきである。

・　怠けて遊んで浪費しても困ったら誰かが助けてくれると子どもに思わせるのは教育上よくない。

・　自己責任を果たしていないにもかかわらず、助けてくれる人はいい人で助けてくれない人は不親切な人、という価値観を子どもに教えるべきでない。

・　食料には限りがある。アリは自分たちが飢えないために懸命に働いたのに、遊んで暮らしたキリギリスにその蓄えを与えて代わりに飢えて死ぬアリをどうやって選べばいいのか、理不尽である。

・　現実には怠けて暮らして後で困っている人を放置はできないだろうが、物語というものは、現実ではなく、理念を語るべきものである。

変更した筋書きの方がよい

・　困っている人を助ける優しさを子どもには教えた方がいい。

・　飢え死にするほど困っている人を助けないのはどんな理由があるにせよ冷酷だから、そのようなモデルは子どもに見せない方がいい。

・　自助努力は必要であるが、それができなかった者のためのセーフティネットは社会に必要である。それもないと子どもに教えるのはよくない。

・　たしかにキリギリスは身勝手だが、そういう者も含めての社会だから、彼らを許容する包容力を子どもにも培ってもらいたい。

など。

次にこれらを①～⑥に適切に配置する。

《小論文の例》

① 課題の明示　→　イソップ物語「アリとキリギリス」には結末が二通りあるらしい。夏の間、アリは冬に備えて働き続け、キリギリスは歌を歌って安楽に過ごす。やがて冬になり、食料の蓄えのないキリギリスはアリに助けを求めるが、アリは食べ物を分けてやらず、キリギリスを餓死させてしまう、というのが本来の筋である。しかし、それでは子どもに残酷すぎると、日本ではキリギリスを憐れんで救ってやるという筋が主流になってきたという。

② 自己の意見　→　私は本来の筋の方がいいと思う。

③ 根拠の提示　→　なぜならば、この物語は本来、「普段怠けていては困るときが来るよ」ということを子どもに教えるためのものだからである。怠けて遊んで浪費しても困ったら誰かが助けてくれると子どもに思わせるのは教育上よくない。

　また、怠け遊んで、自助努力しなくても誰かが何とかしてくれる、そして何とかしてあげる人はいい人で何とかしてあげない人は冷酷な人、という考えを子どもに持たせるのはよくないと思うからである。

④ 反論の予想　→　たしかに、困っている人を助ける優しさを子どもには教えた方がいいという考えもあるだろう。また、自業自得だからといって、餓死するまで助けないのは残酷だという意見もあるだろうし、現実には自助努力できないやむを得ない事情のある場合もあるだろう。

⑤ 反論に対する→　しかし、食料には限りがある。いったい、キリギリスに食料を与
　反論　　　　　えて代わりに飢えて死ぬアリをどうやって選べばいいというのだろうか。

　そもそも物語というものは、あるテーマについて、その物語の考えを表現したものである。現実的に起こってくるすべてのことにあれこれ言及していては物語の言いたいことがぼやけてしまうだろう。

　現実には一律に自己責任を問うわけでもないし、餓死以前に最低限の保障はするだろうが、物語は、現実ではなく理念をかたるべきものである。

⑥ 結　　　論　→　したがってやはり、子どもに読ませる物語としては、先の見通しもなく、怠けて遊んでいるといつか困るときが来るということを教える筋の方がよいと思うのである。

基本問題

① テーマについて、対立する意見をその理由とともにできる限り挙げてみよう。

テーマ

子どもに読ませる物語として、どちらの筋がよいと思うか。

応用問題

① 基本問題①であげた意見をもとに、解説文にある《小論文の例》の形式①〜⑥に沿った形で、小論文を作成しなさい。400字詰原稿用紙2枚（800字）程度（字数は先生の指示にしたがうこと）とする。

※ この課の目的は、意見の主張にあたっての表現力、説明力を高めることである。論拠となる価値観の是非を問うものではない。多様な思考によって様々な立場から論じることが可能である。

先行研究や様々な意見の集め方

以下のサイトでは、調べたいワードを入れて関連情報を無料で検索することができる。新聞記事はトピックについてほぼ必ず二つ以上の異なる意見を載せているので参考になる。

- **47 News**：47都道府県52新聞社のニュースと共同通信の内外ニュースとの総合サイト
- **JAPAN SEARCH**：日本の書籍、文化財、メディア芸術など、さまざまな分野のデジタルアーカイブと連携した多様なコンテンツ。
- **J-STAGE**（科学技術情報発信・流通総合システム）：科学文献。
- **社会老年学文献 DB**：社会老年学に関する日本語論文。
- **Google scholar**（グーグル スカラー）：学術的な研究資料（学術論文、書籍、記事など）。
- **Google ブック検索**：検索用語と一致したコンテンツを含んだ書籍が見つかれば、その書籍へのリンクが表示される。
- **青空文庫**：著作権の保護期間が切れた作品を主に公開している。国内・海外の作家を問わず、1万5千以上の作品が公開されている。
- **カーリル**：日本最大の図書館検索サイト。自分の住んでいる地域を登録して使うと便利。
- **CiNii Books**：全国の大学図書館等の蔵書目録
- **Webcat Plus**（国立情報学研究所 図書情報ナビゲータ）：全国の大学図書館等の蔵書目録。資料の目次情報を見ることもできる（1986年〜）。
- **国立国会図書館サーチ**（ND Search）（国立国会図書館）：国立国会図書館をはじめ、全国の公共図書館、公文書館、美術館や学術研究機関等が提供する資料、デジタルコンテンツ。
- **国立国会図書館デジタルコレクション**：国立国会図書館で収集・保存しているデジタル資料。
- **CiNii Articles**（国立情報学研究所 論文情報ナビゲータ）：国内最大規模の論文・記事情報データベース。
- **国立国会図書館サーチ**（NDL Search）（国立国会図書館）：国立国会図書館が収集している雑誌記事や博士論文など。

基本問題　　第22課　レポート・小論文

① 本来の筋書きの方がよい：

変更した筋書きの方がよい：

応用問題（NO.1）　　第22課　レポート・小論文

①

100

200

300

400

学　年	クラス	学生証番号	氏　　名	検　印

応用問題（NO.2）　第22課　レポート・小論文

①

500

600

700

800

学　年	クラス	学生証番号	氏　名	検　印

応用問題（NO.3）　　第22課　レポート・小論文

①

900

1000

1100

1200

第**23**課　論説文と批評文

　論説文は、時事的な問題などについて意見を述べる文章で、新聞の社説やオピニオン雑誌の評論などに掲載されることが多い。批評文は、書物・映画・演劇・出来事などを取り上げて、善悪・優劣など、ものの価値を論じた文章である。

論説文の書き方の基本
　１．社会に存在している事態や考え方（の解説）
　２．疑問・反論とその根拠
　３．あるべき事態・考え方
　４．主張・希望・要望

批評文の書き方の基本
　１．作品・事件などのデータ
　　（書物の場合：著者、書名、出版社、刊行年月
　　　映画の場合：監督、俳優、公開日、場所、配給会社など）
　２．内容や事柄の要約・解説
　３．著者や監督のねらい
　４．他作品やこれまでの批評との比較
　５．筆者の批評

基本問題

① 　次の論説文「蛆の効用」を読み、(1)〜(3)の問に答えなさい。
　(1) この文章の①〜⑪までの内容は、解説文にある「論説文の書き方の基本」１〜４のどれに相当するか答えなさい。
　(2) 上記(1)で分類したこの文章の１〜４の趣旨を要約しなさい。
　(3) この文章の結論に対するあなたの見解を述べなさい。

① 虫の中でも人間に評判のよくないものの随一は蛆^{うじ}である。「蛆虫めら」というのは最高度の軽侮を意味するエピセットである。これはかれらが腐肉^{ふにく}や糞堆^{ふんたい}をその定住の楽土としているからであろう。形態的には蜂の子やまた蚕とも、それほどひどくちがって特別に先験的に憎むべく、いやしむべき素質を具備しているわけではないのである。それどころか、かれらが人間から軽侮^{けいぶ}される生活そのものが、実は人間にとって意外な祝福をもたらす所以になるのである。

② 鳥や鼠や猫の死骸が、道ばたや縁の下にころがっていると、またたく間に蛆が繁殖して腐肉の最後の一片まできれいにしゃぶりつくして白骨と羽毛のみを残す。このような「市井^{しせい}の清潔係」としての蛆の功労は古くから知られていた。

115

③ 戦場で負傷したきずに手当てをする余裕がなくて打っちゃらかしておくと、化膿してそれに蛆が繁殖する。その蛆がきれいに膿をなめつくしてきずが癒える。そういう場合のあることは昔からも知られていたであろうが、それが欧州人戦以後、特に外科医の方で注意され問題にされ研究されて、今日では一つの新療法として、特殊な外科的結核症や真珠工病（オステオミエリチス）などというものの治療に使う人が出てきた。こうなると今度は、それに使うための蛆を飼育繁殖させる必要が起こってくるので、その方法が研究されることになる。現に、昨一九三四年の『ナツーアウィッセンシャフテン』第三十一号に、その飼育法に関する記事が掲載されていたくらいである。

④ 蛆がきたないのではなくて、人間や自然の作ったきたないものを浄化するために蛆がその全力をつくすのである。尊重はしても軽侮すべきなんらの理由もない道理である。

⑤ 蛆が成虫になって蠅と改名すると、急にたちが悪くなるように見える。昔は「五月蠅」と書いて「うるさい」と読み、昼寝の顔をせせるいたずらもの、ないしは臭いものへの道しるべと考えられていた。張ったばかりの天井にふんの砂子を散らしたり、馬の眼瞼をなめただらして盲目にする厄介ものとも見られていた。近代になって、これが各種の伝染病菌の運搬者、播布者として、その悪名を宣伝されるようになり、その結果がいわゆる「蠅取デー」の出現を見るにいたったわけである。著名の学者の筆になる「蠅を憎むの辞」が現代的科学的修辞に飾られて、しばしばジャーナリズムをにぎわした。

⑥ しかし蠅を取りつくすことはほとんど不可能に近いばかりでなく、これを絶滅すると同時に、蛆もこの世界から姿を消す、するとそこらの物陰にいろいろの蛋白質が腐敗して、いろいろのばいきんを繁殖させ、そのばいきんはめぐりめぐって、やはりどこかで人間に仇をするかもしれない。

⑦ 自然界の平衡状態（イクイリプリアム）は試験管内の科学的平衡のような簡単なものではない。ただ一種の小動物だけでも、その影響の及ぶところははかり知れぬ無辺の幅員をもっているであろう。その害の一端のみを見てただちにそのものの無用を論ずるのは、あまりにあさはかな量見であるかもしれない。

⑧ 蠅がばいきんをまきちらす、そうしてわれわれは知らずに、年中少しずつそれらのばいきんを吸い込みのみ込んでいるために、自然にそれらに対する抵抗力をわれわれの体中に養成しているのかもしれない。そのおかげで、何かの機会に蠅以外の媒介によって、多量のばいきんを取り込んだときでも、それにたえられるだけの資格がそなわっているのかもしれない。換言すれば、蠅はわれわれの五体をワクチン製造所として奉職する技師技手の亜類であるかもしれないのである。

⑨ これはもちろん空想である。しかしもし蠅を絶滅するというのなら、その前に自分のこの空想の誤謬を実証的に確かめた上にしてもらいたいと思うのである。

⑩ あえて蠅に限らず動植鉱物に限らず、人間の社会に存するあらゆる思想風俗習慣についても、やはり同じようなことがいわれはしないか。

⑪ たとえば野獣も盗賊もない国で、安心して野天や明け放しの家で寝ると、風邪を引いて腹をこわすかもしれない。○を押さえると△があばれだす。天然の設計による平衡を乱す前には、よほどよく考えてかからないと危険なものである。

（初出：寺田寅彦「蛆の効用」『中央公論』第五十年第二号、1935年2月、中央公論社）

応用問題

1　『「ストーリー漫画の父」テプフェール──笑いと物語を運ぶメディアの原点』についての批評文を読み、次の(1)〜(2)の問いに答えなさい。

(1)　次の文章の①〜⑦は、解説文にある批評文の書き方の基本１〜５のどれに相当するか答えなさい。

(2)　この文章の１〜５の趣旨を要約しなさい。

① ロドルフ・テプフェールは、漫画を発明した人物といわれる。今から約200年前にジュネーヴ[1)]で生まれたテプフェールは、学校の校長として仕事を行うかたわら、漫画の本をいくつも出版した。

②「漫画」といっても、テプフェールの作品は、登場人物のセリフやナレーションがコマの下にまとめて書かれていることや、１ページに１〜２コマ程度しかないことなど、現代の漫画とは少し違う。それでも、「絵と文字を含むコマを複数配置したページの連続によって物語を伝える本」を世界で初めて出版したという意味で、彼は世界初の漫画家といえる。『「ストーリー漫画の父」テプフェール──笑いと物語を運ぶメディアの原点』（森田直子著、萌書房、2019年刊）は、そんなテプフェールの人生や、彼が生み出した表現の特色について論じた本である。

③ 森田氏は、「笑い」「演劇」「本」という視点からテプフェールの漫画に注目している。まず、テプフェールの漫画はどれも笑いを多く含んでいるが、それは「周囲の人を笑わせたい」という彼の個人的な創作の動機と、喜劇から受けた影響によると森田氏は述べている。

④ たとえば『クリプトガム氏』という作品には、愛する男性を奪われた女性キャラクターが、怒りのあまり粉々に破裂してしまう場面がある。発想が現代のギャグ漫画と同じである。『トリックトラック氏』という作品でも、冒険旅行に出かけるのを両親に反対された主人公のトリックトラック氏が、家に侵入してきた泥棒を身代わりとして自分のベッドで寝かせて、屋根から家出を試みる。父親はベッドに眠る泥棒を息子の変わり果てた姿だと勘違いするが、医者は息子の姿が変わってしまったのは病気の症状だと解説する。現実にはありえないことだが、当時の読者はお話として楽しく読んだことであろう。

⑤ 森田氏によれば、このような喜劇的展開はシェイクスピア[2)]などから影響を受けたもので、コマを二つに分割して、隣同士の部屋で同時に起こっていることを並べて描き、読者に見せる手法などにも、やはり喜劇からの影響が見られるということだ。

⑥ 森田氏の注目は、作品内容だけではなく本自体にも向いている。テプフェールはすべての作品を横長の判型[3)]で出版したが、この判型は表現の効果と関係している。ページ全体を使って大きな一つのコマを描けば、空間の広がりを感じさせることができる。また、ページの中にいくつかのコマを横並びに配置すれば、時間の経過を表現しやすいというのだ。さらに、読者の左→右という視線の動きと登場人物の進行方向を一致させたり、あるいはあえて逆方向に描いたりすることで、読者が感じるスピード感をうまく調節している。これらのテクニックは、現代の漫画にもよく見られるものである。

⑦ 世界初の漫画的表現に、現代の漫画にも通じる工夫が様々に見出せるという点は大変興味深い。また、演劇からの影響という議論は、近年ブームになっている「2.5次元ミュージカル」などと呼ばれる漫画の舞台化について考える際にもヒントになる。

1) スイスの都市。テプフェールの生きた時代には、フランス領だった時期もある。
2) ウィリアム・シェイクスピア。「ロミオとジュリエット」などを作った劇作家。
3) 本の形状のこと。

©マークと著作権

　©。HPや出版物でよくこんなマークを見かける。これは著作権を主張する記号である。たとえば"©2015文野ケイ子"とあれば「2015年に公表された著作物で文野ケイ子が著作権を持っている」という意味である。著作権とは文芸・音楽・写真などの著作者が自分の著作物の複製・上演などを独占する権利で、「著作権法」という法律で保護されている。著作権は特許のように登録の必要がないので、作品ができたときに自動的に発生する。たとえば、あなたが夜中にふと思いついて詩を書きとめた、その瞬間に著作権は発生する。もちろん、©をつけなくても著作権はあなたのものとなる。

　大学のレポートも、誰かのHPからコピーアンドペーストで作成し、出典を示さなければ著作権の侵害となる。元の文章の「～だ」を「～です」に変えればOKというのはデタラメである。著作権の侵害は著作権法に罰則が定められているのでくれぐれも気をつけて。大切な信用をなくしてしまわないように。

| 基本問題 | 第23課　論説文と批評文 |

①	(1)	1.	2.
		3.	4.
	(2)	1.	
		2.	
		3.	
		4.	
	(3)		

| 学　年 | クラス | 学生証番号 | 氏　　名 | 検　印 |
| | | | | |

応用問題　　第23課　論説文と批評文

①	(1)	1.		2.
		3.		4.
		5.		
	(2)	1.		
		2.		
		3.		
		4.		
		5.		

4・口語表現編

国際化時代の対話

　今、日本はグローバル化、国際化という時代を迎えています。この国際化時代に、世界の人々との対話を可能にするには、現代社会の基礎となる欧米人の考え方を十分理解しておくことが必要です。この点を十分理解しておかないと、日本人は不可解だと言われてしまいます。そこで重要なのが「近代主義」と「形式論理学」の二つです。これが近代社会の考え方の基盤になるものです。

　「近代主義」は啓蒙主義的自由主義とも言われ、法治、人権、自由、平等という考え方が基礎となっています。啓蒙主義とは、理性を重視し、超自然的・非合理的な偏見を取り払い、人間そのものの自立を目指す考え方です。自由主義とは、個人の自由、法治主義、平等、寛容といった考え方です。これらは、宗教的な考え方や習慣よりも、人間が作った法を優先する立場です。法律や契約は何があっても守ることが基本であり、法のもとに万人は平等であるという考え方です。これに対して、日本を含めた東北アジアでは、古くから「長幼有序」「目上の人を敬う」という倫理観が伝統的なものとして存在しています。これは儒教的精神が基となっており、欧米の近代主義とは相反する考え方です。

　「形式論理学」は、古代ギリシアのアリストテレスが完成した論理的な考え方です。この考え方は、現在に至るまで西欧のものの考え方の中心を占めています。この論理思考を理解することが欧米圏の人々と会話する上で不可欠です。ヨーロッパ文明は古代ギリシアの時代から議論の手法を磨いてきました。そして、それは現在も変わらず続いています。以下の三点がその核の部分です。

　　1　AはAである（白は白である）
　　2　AがAであるとき、BはAでない。このとき、AはBであるということはできない（白が白であるとき、黒は白ではない。このとき、白は黒であるということはできない）。
　　3　AとBの中間は存在しない（白と黒の中間は存在しない）。

　これらの考え方は、数学から法律まで、すべての領域にわたります。曖昧を好む日本人には苦手な議論かもしれません。しかし明治時代に日本は西洋から近代主義を導入しました。それは近代主義が国家の存亡に深くかかわるものであると思ったからです。明治時代にこの思想を日本に適用し、現代の我々がその恩恵を享受している以上、その基礎となる論理形式を習得する必要があるのです。なお、この議論の形式で大切なことは、問題を論理的に考えているかどうかであり、早急に結論を求めることではありません。

　世界の国々は、それぞれ歴史や文化が違います。その違う人同士が接するのですから、「阿吽の呼吸」「以心伝心」が通用しないのは当然です。近代主義と形式論理学を学ばなければ、欧米社会と対等に対話することができないし、真の国際化は達成できないのです。

第 **24** 課　待遇表現①

　待遇表現とは、相手をどのように待遇する（もてなす・扱う）かということである。
①対等の関係、②相手を下に見て、いわゆる「上から目線」で、③相手を目上として敬意を表して。①、②については、ここでは取り上げない。③について、適切な表現方法を身につけよう。
　待遇表現は「敬語」だけをさして言うのではない。言葉も重要な要素だが、非言語の要素の方がむしろ大きな役割を果たす。

$$\left(\begin{array}{lll}\text{適切な声の大きさ} & \text{明瞭な発音} & \text{態度と表情} \\ \text{視線のあて方} & \text{体の向き} & \text{手を置く位置　など}\end{array}\right)$$

　例えば、「ありがとうございます」や「～です」は丁寧な言葉だが、そう言っているつもりで「アザース！」「～ッス」と発音したのでは敬意を持って丁寧に遇されたと相手は思わない。「すみません」を「スイマセン」や「スンマセン」、「スイヤセン」などと発音するのも同じである。また、相手の話を「拝聴いたします」と言っても、チラチラ横を向いていたのでは敬意をもって聞いているとは相手は感じない。態度全体が敬意を真摯に表現していれば、多少、敬語を間違えても相手の気を悪くさせるようなことは、実はない。ただ、教養が無いと思われる可能性はある。ここでは非言語の表現はできているという前提のもと、適切な言語表現を学んでほしい。

《敬語の種類と作り方》

尊敬語（相手の動作を高めて表現）——主語は相手
1. 動詞の未然形（ナイ形）に尊敬の助動詞「れる」「られる」をつける。
    （例：話す→話される　借りる→借りられる　捨てる→捨てられる、来る→来られる）
2. 動詞の連用形（マス形）を「お～になる」ではさむ。漢語は「ご～になる」ではさむ。
    （例：お話しになる　お借りになる　お捨てになる　ご乗車になる　ご使用になる）
    　　※動詞連用形（マス形）が１音節になる場合、「お～になる」は使えない。

$$\left(\begin{array}{l}\text{例：お為になる→別語タイプの「なさる」を使う。} \\ \text{お見になる→ご覧になる　お寝になる→お寝みになる}\end{array}\right)$$

　※「漢語＋する」のサ変動詞は「ご＋漢語＋なさる」または「漢語＋なさる」にする。
    （例：結婚する→ご結婚なさる　成功する→ご成功なさる　心配する→ご心配なさる）
3. 別語タイプ（すべての動詞にあるわけではない）
    （例：食べる→召し上がる　行く→いらっしゃる）
　※１→２→３　の順に敬意は高くなる。「れる」「られる」型はごく軽い敬語。「お～になる」型の方が重い。さらに、別語タイプがある場合はこれがもっとも重い敬意を表す。

丁寧語（聞き手に対して敬意を表し、上品に表現）
　「です」「ます」をつける。接頭語「お」をつける等。
    （例：「Ａさんがお菓子を食べます」「よいお天気です」）

謙譲語Ⅰ（自分の動作を低めて相手を高める）☞25課へ
謙譲語Ⅱ（自分の言葉を聞いている人に対して敬意を表する）☞25課へ
婉曲表現（ストレートな表現を避けることによって相手に配慮する）☞25課へ

		尊敬語（相手が主語）			謙譲語
		「れる・られる」をつける	「お～になる」	別語	（自分が主語）（丁寧語を伴う）
Ⅰグループ（五段活用）	もらう※1	×もらわれる	×おもらいになる	お受けになる	頂きます 頂戴します
	言う	言われる	△（お言いになる）※2	おっしゃる	申します 申し上げます
	行く	行かれる	お行きになる	いらっしゃる	参る・伺う※3
	思う	思われる	お思いになる	※4	存じます
	聞く	聞かれる	お聞きになる	※5	お聞きします お聞きいたします 承る　伺う 拝聴します
Ⅱグループ（上一段活用）	借りる	借りられる	お借りになる		お借りします お借りいたします 拝借します
	着る	△着られる	×お着になる お召しになる		※6
	見る	見られる	×お見になる ご覧になる	※7	拝見します※8
	居る		×お居になる おいでになる	いらっしゃる	おります
Ⅱグループ（下一段活用）	食べる	△食べられる	△お食べになる	召し上がる	頂きます 頂戴します
	寝る	×寝られる	×お寝になる お寝みになる		
	受ける	受けられる	お受けになる		お受けします お受けいたします
	あげる※9	△あげられる	おあげになる		差し上げます
	くれる※10			賜る・くださる	
Ⅲグループ（サ変・カ変）	する	される	×（お）為になる	なさる	いたします
	来る	来られる	×お来になる お見えになる お越しになる	いらっしゃる	参ります※3 伺います

※1　「もらう」の尊敬表現はない。「もらう」は他者の好意によって贈られたり、頼んだりして自分のものにすることを言う。言わば「下から目線」の低姿勢な言葉なので尊敬表現にできない。文脈に応じて、別語で言い換える。「お受けになる」「お受け取りになる」「お迎えになる」「お納めになる」「受賞なさる」など。

※2　「お言いになる」は、「おいい」と母音が連続するのを日本語は好まないので実際にはほとんど使われない。「おっしゃる」を使うのがよい。

※3　「参る」は聞き手に対する敬意を表し、行く先が人でも場所でも使えるが、「伺う」は行き先が尊敬すべき人の時しか使えない。

(例：○社長のお宅には私が参ります。　　○社長のお宅には私が伺います。
　　　○東京へは私が参ります。　　　　　×東京へは私が伺います。
　　　○社長に呼ばれて、「はい、すぐに参ります。」「はい、すぐに伺います。」どちらも OK。
　　　　　社長は聞き手でもあり、行き先でもあるから。)

※4　おぼしめす　※5　きこしめす　※7　みそなわす　いずれもすでに古語。

※6　「着る」はきわめてプライベートな行為である。したがって、例えば「私は寝る時はパジャマを着させていただいています」とは言わないし、適当な謙譲表現がない。相手に関係のない行為を「～させていただく」と言うのは不適切。言うとしたら、相手から貰った服をありがたく着させていただくというような場合に限る。

※8　「拝見する」は、見る対象が尊敬に値するものでなければ使えない。

(例：○先生の作品をテレビで拝見しました。
　　　　　×先生の作品を盗んだ犯人の顔をテレビで拝見しました。→見ました。)

※9　「あげる」は対等または目下の者に与える意味の丁寧な言い方。

※10　「くれる」は、相手が自分側（話し手側）に対して何かを与え下す意味。「くれる」の謙譲語はない。

基本問題

① 次の表現について、正しければ○をつけ、誤っていればその部分を訂正しなさい。

⑴ 先生、ご体調が良くないなら早めにお医者さんに診ておもらいになった方がいいですよ。

⑵ 先生、○○賞をいただかれたそうですね、おめでとうございます。

⑶ この電車は回送電車です。ご乗車できませんのでご注意ください。

⑷ 部長、息子さんに外車を買ってくださったそうですね。

⑸ 「書類は○月○日必着です。遅れたら一切受け付けません。」
　「わかりました。○日までに必ず送って差し上げますので、どうぞよろしくお願いします。」

⑹ 「いらっしゃいませ。ご面会でしたら、あちらの窓口で伺ってください。」

⑺ 今からご説明申し上げます。

⑻ 私のお考えを申し上げます。

⑼ 私はお料理が得意です。

⑽ 〔航空会社のポスター〕10月からチケットがお求めやすくなりました。

応用問題

① 次の表現について、正しければ○をつけなさい。誤っていればその部分を訂正しなさい。

(1) 先生、明日の午後は研究室におられますか？

(2) 〔駅のアナウンス〕読み終わった新聞雑誌などはお近くのゴミ入れにお捨ていただきますようお願いいたします。

(3) 〔駅のアナウンス〕毎度ご乗車いただきましてありがとうございます。

(4) 皆様、田中様が参られました。

(5) 「お母様、どうぞこちらへ、園長先生、太郎さんのお母様をお連れしました。」

(6) 〔店員が客に〕「お待たせいたしました。こちら、豆腐定食となります。」

(7) 〔大きな品物を買った客に対して店員が〕「こちらお客様ご自身でお車までお持ちしますか」

(8) お客様のおっしゃられるとおり、弊社の手違いでございました。

(9) とんでもございません。

(10) 〔受付担当者が客に〕「鈴木様でございますね。」

基本問題　　　　　　第24課　待遇表現①

①	(1)	
	(2)	
	(3)	
	(4)	
	(5)	
	(6)	
	(7)	
	(8)	
	(9)	
	(10)	

応用問題

①	(1)	
	(2)	
	(3)	
	(4)	
	(5)	
	(6)	
	(7)	
	(8)	
	(9)	
	(10)	

学　年	クラス	学生証番号	氏　　名	検　印

メールのマナー

　メールは便利なコミュニケーションツールである。しかし、自分から発信することの便利さばかりに気をとられていると、知らず知らずのうちに他人に迷惑をかけ、または失礼にあたり、相手に手間をかけることもある。声にも筆跡にも頼ることができないからこそ、電話や手紙に負けないほどの思いやりを添えて、送信してもらいたい。

メール送信時の注意点

1．件名を入れる（用件や自分の名前）
2．宛名は「会社名・部署名・肩書き・名前」の順。相手が自分と同じ会社の人であれば、会社名の記載は必要ないので、部署名から。
3．差出人の所属と名前を記す。「お世話になっております。○○株式会社　総務部の佐藤です。」のように。
4．用件はわかりやすく。5W2H に留意する。箇条書きを利用するのも良い。
5．ファイルを添付した際には、本文でもその旨触れる。ウィルス感染の危険があるので、受信者は添付ファイルを開くことに慎重である。
6．宛名の敬称は原則「様」を用いる。「先生」と呼びかけている人に対しては「先生」とする。「殿」は同等以下の相手にしか用いない。相手が個人でなく部署等の場合は「御中」複数の場合は「各位」とする。
　　「各位」も、「部長」などの役職名も敬称なので「様」と重複しないよう、「○○プロジェクト関係者各位」、「○○株式会社　総務部　部長　△△様」のようにする。
7．〔To〕にはメールの宛て先となる相手を設定。
8．〔Cc〕には、そのメールの情報を共有したい相手を設定する。

人事部
山田様
（Cc：田中課長）

　　その際、本文の宛て先は右のようにする。ただし、〔Cc〕で情報共有したからといって、それを報告に代えることはできない。必要な報告は別途きちんとすること。
9．複数の宛名にメールを送信する場合、〔To〕や〔Cc〕に宛て先を設定すると、宛て先とされた人全員に互いのメールアドレスが見え、個人情報が流出する。
10.〔Bcc〕にはメールの情報を共有したい人を設定するが、他の受信者にはこのメールアドレスは公開されないし、情報共有されていること自体わからない。したがって、本文中にも宛名は書かない。

第 **25** 課　待遇表現②

謙譲語Ⅰ（自分の動作を低めてその動作の向かう先である相手に敬意を表する）——主語は自分側

1．動詞連用形（マス形）を「お〜いたす」「お〜する」ではさみ、丁寧語の「ます」をつけて使う。「お〜いたす」の方が「お〜する」より敬意の程度は高い。

　　動詞連用形（マス形）が１音節になるときは別の言葉に言い換える。

　　動詞が音読みならば「ご〜いたす」、訓読みならば「お〜いたす」が原則。

$$\left(\begin{array}{ll}\text{例：私がご案内いたします。} & \text{のちほどご連絡いたします。}\\ \text{　私はここでお待ちいたします。} & \text{お借りした本は明日お返しいたします。}\end{array}\right)$$

2．その他のタイプ（☞124ページ表参照）

$$\left(\begin{array}{ll}\text{例：行きます→参ります・伺います} & \text{言います→申します・申し上げます}\\ \text{　思います→存じます} & \text{します→いたします}\end{array}\right)$$

〈させていただく〉

　謙譲表現として、「〜させていただく」が多用されている。これは相手が私に何かを「させる」（使役）のをありがたく「いただく」というのが語源。自分側が行うことを

　（ア）相手側又は第三者の許可や依頼を受けて行い、

　（イ）そのことで恩恵を受けるという事実や気持ちのある場合に使われる。

　したがって、（ア）、（イ）の条件をどの程度満たすかによって「…（さ）せていただく」が、適切な場合と、適切でない場合とがある。また、相手が「させる」ことが私にとってありがたくないことでやむを得ずそうさせられる場合も「させていただく」を使うことがある。

　例１：相手の所有する本について「コピーを取らせていただいてよろしいですか。」

　例２：会社で上司に、「明日休ませていただきます。」

　　　　これらは（ア）、（イ）の両方を満たしている。

　例３：「ただいまご紹介にあずかりました○○です。一言ご挨拶させていただきます。」

　　　　これは、（ア）は満たしている。（イ）については、特に恩恵を被るような事実はないと思われるが、そのような気持ちの表れと見ることができる。

　例４：私は今日から毎日散歩するのを日課にさせていただきます。

　　　　これは（ア）も（イ）も満たしていない。聞き手に対する謙譲表現なら「日課にいたします。」

謙譲語Ⅱ（動作の向かう先ではなく、聞き手に敬意を表する）

「昨夜、母が私の下宿を訪ねて参りました。母は私にこう申しました。」

「この話は決して息子には申しません。」

「雨が降って参りました。」

　いずれも話し手（私）の、聞き手（私が話している相手）に対する謙譲表現である。

婉曲表現（ストレートに言わないことによって相手に配慮する）

　例１：「一緒に映画を見に行きませんか」

　　　　「いいえ、お断りします。」→「残念です。ご一緒できたらいいんですが。」

　　　　〔お菓子をすすめられて〕

　　　　「私、甘い物は嫌いなんです。」→「せっかくですが、甘い物は苦手なもので……」

「ここは禁煙場所です。」→「こちらではおタバコはご遠慮ください。」
例2：「ご説明<u>ください</u>」→「(恐れ入りますが) ご説明くださいませんか」
「ご説明<u>ください</u>」は尊敬語だが、命令形である。これに、「ません」という否定と「か」
という疑問が入ることによって命令形が和らぎ婉曲表現となる。「ご説明くださいます<u>か</u>」は「か」だけなので、婉曲度は低く、ほぼ命令形に近い。

基本問題

① 次の表現について、正しければ○をつけ、誤っていればその部分を訂正しなさい。
(1)「私は新郎と大学で4年間ともに学ばせていただきました。」
(2) 試験の面接で：面接官「あなたは学生時代、どのような事に打ち込みましたか。」
受験生「はい、私は3年間クラブの部長をやらせていただきました。」
(3)〔看護師が患者に〕「注射をしますから腕を出してもらっていいですか。」
(4)〔受付で来客に対して〕「いらっしゃいませ。何様でいらっしゃいますか。」
(5)〔上司に対して〕「はい、了解いたしました。」
(6)〔先生との個人面談の約束をキャンセルしたいとき〕「先生、申し訳ありませんが、明日の面談に参加できません。」
(7)〔上司に対して〕「お疲れ様でした。」
(8)〔訪問先の方から飲み物を尋ねられて〕「ありがとうございます。コーヒーでいいです。」
(9)〔親しい友達と電車の中で〕「てめえ、何ほざいてんだよ。あの野郎が悪いんだ。」
(10)〔社外からの電話に秘書が〕「社長はただいま会議中で席を外しております。」

応用問題

① 次の表現について、正しければ○をつけ、誤っていればその部分を訂正しなさい。
(1)〔社長の奥さんからの電話に秘書が〕「社長はただいま席を外しております。」
(2)〔車内のアナウンス〕車内では携帯電話はご使用いただかないようお願いいたします。
(3)〔保険会社のPR〕この保険は今までご加入できなかった方もご加入できます。
(4)〔レジで〕申し訳ありませんが、両替はいたしかねます。
(5) セール品につき、返品交換はお受けいたしかねます。
(6)「お客様のおっしゃるとおりに上司にはお伝え申し上げます。」
(7)〔歌番組の司会者が歌い終わった歌手に〕「○○さん、ありがとうございました。素晴らしかったです！ 最高です！ 感動しました！」
(8)〔上司が部下に〕「一緒にご飯食べに行こう。」「ありがとうございます。喜んでご一緒いたします。」
(9)「先生、この前のレポートもうご覧になりましたか。あれでよろしいでしょうか。」
(10)〔部下が上司に〕「部長は有能でいらしゃる上に部下への説明の仕方もお上手ですね。」

基本問題

第25課　待遇表現②

①	(1)	
	(2)	
	(3)	
	(4)	
	(5)	
	(6)	
	(7)	
	(8)	
	(9)	
	(10)	

応用問題

①	(1)	
	(2)	
	(3)	
	(4)	
	(5)	
	(6)	
	(7)	
	(8)	
	(9)	
	(10)	

学　年	クラス	学生証番号	氏　名	検　印

超婉曲表現──京都に学ぶ借金の断り方

　「あんたさんほどのお人がなにを言わはんのどす？　いまちょっと手もと不如意やさかいゆうても先代さんからの地所やらなんやらよおけもったはるのに、うちらからお金借りはったなんかゆうことになったらお父さんの顔に泥塗ることになりますえ。ほんま、お宅のお父さんからはいろいろ助けてもらいましたわ。急に亡くならはってほんまにびっくりしましたなぁ。あれからもう何年になります？　ほんまにようしてくれはるお方どしたわ。お宅さんとの関係で言うたらこっちが助けてもらう方どすね。うちがお宅さんにお金貸すなんて、そんな大それたことができますかいな。立場がちがいますわ。そんなことしたらかえってお宅さんに迷惑がかかりますし、うちも笑われますわ。どうぞうちを助ける思て堪忍しておくれやす」

　「いやだ」とは言わず「自分があなたに貸すのは失礼だ」と表現することによって相手のプライドに依存して NO を言うわけである。

第 26 課　接客・電話・SNS

　現在、人や電話に向き合いたくないと感じている人は少なくない。接客や電話の応対では、緊張のあまり間違った表現になりやすいからである。

　近年はSNSの発達により、情報の受信発信がリアルタイムでできるようになった。従来の日常生活で出会うことのなかった人や団体と、意見を交わし、交流することも容易になっている。SNSの可能性に期待が高まると同時に、SNSのマナーや危険性に気を付ける必要性も高まっている。SNSの発達にともない、実際に初対面の人と向き合った時や電話での対応について、苦手意識や恐怖心を抱く若い世代が増えている。初対面の人や電話での対応は、対応すする本人だけでなく、所属する組織（サークル、学校、職場など）の印象を左右する大切なものである。その緊張感から、敬語や言葉遣いへの不安、相手の反応への恐怖心が過剰になり、応対を回避するだけでは、状況は硬直するばかりである。

　相手への対応は、真摯な気持ち（心）、言葉遣い（技）、それにふさわしい動作（体）が三位一体となって通じるものとなる。現在、実際に人や電話に向き合いたくないと感じていても、「技」を学び練習し慣れることは、心のこもった対応ができる第一歩になる。昔から「習うより慣れよ」と言い、「人の振り見て我が振り直せ」と言う。最初から熟達した人はいない。自分で練習し経験を重ねることが大切なのである。

基本問題

1　次の文は、接客の際の会話としてはふさわしくない。適切な表現に改め、全文を書き直しなさい。

　（例：「どんな用事ですか」→「恐れ入りますが、どのようなご用件でしょうか」）

　⑴　あなたは誰ですか。

　⑵　予約はしてありますか。

　⑶　よろしかったら荷物はこちらで預かりますが。

　⑷　そんなことはできません。

　⑸　少しここで待っていてください。

　⑹　わかりにくいかと思います。

　⑺　案内しますからこちらへきてください。

　⑻　その用件でしたら、総務の人がお聞きします。

　⑼　何でもいってください。

　⑽　ではまたきてください。

2　SNSは、非常に便利であり、上手に使えば有益であるが、一つ違えばトラブルに巻き込まれる可能性がある。「SNSを使用する上でのマナー」をあげなさい。

133

応用問題

① 次の会話文（来客への応対）の中で不適切なところを適切な表現に改め、全文を書き
直しなさい。

⑴ どうぞコーヒーが冷めないうちにいただいてください。

⑵ ご説明は以上でございますが、ほかにお尋ねしたいことはありませんか。

⑶ 高津商事の文野様、おりましたら受付までおいでください。

⑷ 社長の代理の者がご用件を聞きますので、そちらでお話しされてください。

⑸ お客様からお電話いただいたら、「明日伺いますのでよろしくお願いします、と言っ
とけ」と上司が申しておりました。

⑹ お客様が申されましたように書類は確かに当社に届いてございます。

⑺ お値段をこのくらいに下げてもらうわけにはいかないでしょうか。

⑻ もし、2、3日の時間がありましたら、急いで取り寄せますが。

⑼ 課長は会議中ですが、至急伝えたいことがありましたらお呼びします。

⑽ あいにく藤原課長は外出中ですので、名刺をもらっておきたいと思います。

⑾ 私はアルバイトなのでよくわかりません。あちらの主任さんにうかがってください。

⑿ 立ち入ったことをお聞きしますが、どちらに住まれているんですか。

⒀ 佐々木様のお宅には犬は何匹いらっしゃいますか。

⒁ 先に受付に行かれて、関係書類一式を受け取ってください。

⒂ 書類に住所、氏名、必要事項を書いた上でご参上願います。

電話の応対とメモの習慣

　電話の応対では、お互いに相手の顔が見えないため誤解を招きやすい。あいまい
な受け答えでは相手を混乱させる。また、上司や同僚に正確な報告をすることもで
きなくなる。相手の用件を正確に聞き取るためには、受話器をとると同時にメモを
とる習慣を身につけることが大切である。

電話に向かうときの心構え
　1. 明るくはっきりした声
　2. よい姿勢
　3. 親切、丁寧
　4. あせらず、ゆっくり

メモする際の要点
　① 誰あての電話か
　② 電話を受けた日時
　③ 電話をかけてきた相手の名前
　④ 相手の用件
　⑤ 相手の電話番号
　⑥ 電話を受けた人の名前

《伝言メモの例》

②　年　月　日
AM／PM　時　分
①　　　様
③　　　☎⑤　の
　　　　　様から
□ お電話がありました。
□ 折り返し、電話して下さいとの事です。
□ また、先方からお電話があります。
　メッセージ：
④
受信者⑥
■ 見えぬ相手に見せよう笑顔 ■

基本問題	第26課　接客・電話・SNS

①	(1)
	(2)
	(3)
	(4)
	(5)
	(6)
	(7)
	(8)
	(9)
	(10)
②	

学　年	クラス	学生証番号	氏　名	検　印

応用問題　　　　　第26課　接客・電話・SNS

①	(1)	
	(2)	
	(3)	
	(4)	
	(5)	
	(6)	
	(7)	
	(8)	
	(9)	
	(10)	
	(11)	
	(12)	
	(13)	
	(14)	
	(15)	

第27課　ディベート

　ある課題についてレポートを書いたり、議論の場で意見を主張したりするとき、説得力が必要となる。説得力を身につけるには、ディベートの技法が有効である。ディベートとは、自分の意見に関係なく、ある立場を与えられ、議論をすることである。相手の主張をよく聞いて考えることで、物事を批判的にとらえ、冷静かつ論理的に考える力がつく。これらの力を身につけることで、詭弁を見破り、鋭い論点で考え、相手に伝えることができるようになる。

　ディベートを学ぶことの意義は、単に議論の勝ち負けで相手をやり込める力をつけることではない。さまざまな立場になって考え、発展的な人間関係を作っていくことにある。相手の考えと、自己の考えを比較することで、議論における主題を相対的にとらえることができる。また、論旨の組立てや言い回し、表現方法を工夫することによって、相手を説得する技術が身につく。ディベートは異文化間の相互理解が求められる現代にこそ有効な手段である。

《ディベートの例》
　「年賀状は葉書かメールのどちらで出すべきか」という議題に対し、葉書派とメール派とでディベートをする。

メール　「そもそも、年賀状を葉書で送りあうのは、会えなかった者同士が新年のあいさつを交わすためだから、媒体にこだわる必要はなく、現代に合った使いやすいものを使えばよい。その点で、メールは手間や時間を節約できるため、忙しい現代人に合っているといえる。」

葉書　「年賀状を葉書で送りあうのは、昔からのよい伝統であり、年賀状は一年に一度だけやりとりするものである。葉書は直接手に取ることができるので、新年を迎えたことを実感しやすい。さらに、葉書での年賀状は手間や時間をかけるからこそ相手に丁寧な印象を与えることができる。楽をして送ったものは新年を迎えるにあたって改まった感じがせず、また、相手によっては『軽く済まされた』という印象をも与えてしまう。お年寄りや目上の方に対しては失礼と見なされることさえあるのだ。」

メール　「葉書は、手間と時間に加えて、葉書代そのもの以外にインク代もかかってしまう。」

葉書　「それは形に残したいからだ。形として残しておくと、交友関係の記録になる。」

メール　「メールは形に残すことができないが、その点かさばらず、収納場所にも困らない。」

葉書　「一生懸命作ったものが相手に届くのは楽しみであるし、どのような年賀状が届くのかと待つ楽しみもある。さらに、お年玉番号つきの年賀状は、もう一度楽しませてくれるから、葉書のほうが嬉しく、楽しく感じる。」

メール　「待つ楽しみもあるというが、メールは新年ちょうどの時間に送ることができる上、音声や動画も一緒に送ることができる。年末年始に孫に会うことができないおじいちゃんおばあちゃんなどにとっては、孫の声も添えられて届くのはとても嬉しいのではないか。」

葉書　「メールでのやりとりが成立するのは、お互いに電子機器を扱えることが前提である。電子機器に慣れていない人にとってはメールを開くことさえ大変な場合もある。葉書は扱うのに特別な技術を必要としないから、安心して送りあうことができる。」

基本問題

① 前ページの年賀状に関するディベートを参考に、「本は紙の書籍と電子書籍のどちらで読むのがよいか」について、(1)紙の書籍派と(2)電子書籍派の意見を思いつく限り書き出しなさい。その際、次に挙げた【意見・論点の例】を参照し、自分自身の意見を追加したり、出された意見をさらに補充したりしなさい。ただし、最初から完成された文章である必要はなく、思い付きでも良いので表現しなさい。

【意見・論点の例】

《紙の書籍のメリット》

・ 紙の質感や香り、装丁など物としての本に魅力が感じられる。
・ 電子機器の扱い方を知らない子供から高齢者まで、年齢を問わずに扱える。

《紙の書籍のデメリット》

・ 紙は劣化する。
・ かさばる。

《電子書籍のメリット》

・ 場所を取らないため、大量の本を一台の端末で持ち運ぶことが可能である。
・ 文字のサイズを調節することができるため、視力の弱い人や高齢者に適している。

《電子書籍のデメリット》

・ バッテリーが切れると読めなくなる。
・ 配信書店のサービスを退会すると読めなくなる。

② ①で挙げた意見をもとに、次の【討論の例】を参考にし、紙の書籍派と電子書籍派の立場で討論しなさい（どちらの立場とするかは先生の指示に従うこと）。【討論の例】の続きを発展させても、新たな討論を始めてもどちらでもよい。

【討論の例】

電子「電子書籍の利点として、まず、いくら購入しても嵩が変わらないため、持ち運びしやすいことがある。紙の書籍は保管する場所を用意する必要がある。」

紙「紙の書籍は場所をとるが、その分本棚を自由に整理や管理する楽しみがある。電子書籍は配信書店に縛られて思うように整理することができない。また、電子書籍は端末のバッテリーが切れると読めなくなってしまう欠点もある。」

応用問題

① 基本問題①②を参考にしながら「子供のうちからスマートフォンを所持するべきか」という議題について、賛成派と反対派に分かれて討論しなさい（どちらの立場とするかは先生の指示に従うこと）。

基本問題　　　　　第27課　ディベート

① (1) 紙の書籍派

(2) 電子書籍派

学　年	クラス	学生証番号	氏　名	検　印

基本問題　　　　　　　　　第27課　ディベート

←左の「紙」または「電子」のどちらかに○をつけ、意見を書き込む。

②

紙・電子	
紙・電子	
紙・電子	
紙・電子	
紙・電子	
紙・電子	

応用問題		第27課　ディベート

①

←左の賛成または反対のどちらかに○をつけ、意見を書き込む。

賛成・反対

賛成・反対

賛成・反対

賛成・反対

賛成・反対

賛成・反対

学　年	クラス	学生証番号	氏　名	検　印

言葉と音声

　音声による「話し言葉」を学ぶことは、文字による「書き言葉」を学ぶことと同様に重要である。「話し言葉」には、「声の大小（声量）」「通り具合」「明瞭度」「遅速」「高低」「強弱」「間」「表情」など「書き言葉」にない特徴がある。たとえば、魚屋の店先で「へい、いらっしゃい。今日もイキのいいのがあるよ」と威勢よく声をかけられると、つい引き込まれて買いたくなってしまうものである。このとき魚屋は、魚の新鮮さや店の信頼を「話し言葉」の特徴を最大限に生かすことによって、私たちに伝えたのである。このように「話し言葉」には、「書き言葉」にはない音声ならではの情報伝達力がある。

　また、これ以外にも「話し言葉」には「書き言葉」にない「イントネーション（抑揚）」という要素がある。これは、書き言葉では表現できないニュアンスを伝える。言葉の学習は、文字・文法・語彙だけでは不十分なのである。

第28課　ダイアローグ（対話）

　論文やレポート、発表などで、何を問題とするか、テーマとするかで困ったことはないだろうか。小・中・高等学校を通して、「問題は与えられるもの」「唯一の正解は誰かが知っていて、教えてもらえるもの」と思い込んでいないだろうか。大学は、新しいテーマを自分で見つけ、自ら問い、学ぶという学問の場である。

　では、どうすれば自分で問題やテーマを考えることができるのか。新しい問題設定をする際、他の人の意見を聞くことで新しい気づきを得る方法、「ダイアローグ（対話）」がある。

　この方法は理論物理学者のデヴィット・ボームによって提唱されたもので、「対話」は相手を説得するのではなく、共通理解を探し出す行為とされる。

　「対話」とは、聞き手と話し手が行うコミュニケーション行為であり、「雑談」とも「議論」とも異なる。対話は、共有可能なゆるやかなテーマのもとで、聞き手と話し手で担われる創造的なコミュニケーション行為であると考えて、実践してみよう。

ダイアローグ（対話）の方法
　1．向き合って（できれば輪になって）座る。
　2．事前に話題にする資料を各自用意する。
　3．なるべくリラックスする。
　4．誰か一人が話題を話す。
　5．話題について順番に一人ずつ、自分が思ったことを素直に話す。
　6．リーダーと議題は設定しない（初期は進行役を作ってもよい）。
　7．結論やゴールを設定しない。
　8．人数は5名程度が望ましい。
　9．他人の話をメモする。

「対話」を行う際の注意点
　1．真剣に話し合い、敵対的雰囲気をなくし、友好的雰囲気を保ち続ける。
　2．意見や考え方の優劣、勝ち負けを決めない。また意見や考え方のユニークさや斬新さを見出し、尊重する。
　3．意見の違いを認め、相手を尊重し、お互いの違いを確認し、受け入れる。
　4．「一般的には」「先行研究では」という見解ではなく、「私」はこう思う、という自分の経験や思いを語る。

　「対話」の効果とは、自分の意見を述べることで自分自身を振り返ると同時に、他の人の自分とは異なる見解を聞くことで新しい気づきを得ることにある。なるべく虚心坦懐に、先入観を持たず、広く穏やかな心で、多くの意見を自分の思考に取り入れることが大切である。

基本問題

① 発表者は、自分の好きな歌の歌詞、または詩、短歌、俳句、小説・演劇・ドラマ・漫画の台詞を書きだして、どの部分が好きか、自分の考えを話しなさい。

他の参加者は、発表者の意見を聞いて自分の考えを話しなさい。

結論や成果を出すのが目的ではないことに留意しつつ、活発に発言し、お互いに対話の活性化に努めよう。

話し合った内容、結果、考えの変わったことなどを、各自、書きとめなさい。

応用問題

① 以下の語群を参考に、話題とすることを決め、必要なことを調べ（資料を準備し）、自分の考えを話しなさい。他の参加者は、発表者の意見を聞いて自分の考えを話しなさい。

話し合った内容、結果、考えの変わったことなどを、各自、書きとめなさい。

《語群》　給食　　弁当　　行事食　　雑煮　　祭り　紹介したい場所、時間など
　　　　　春夏秋冬を実感できるもの、行事、瞬間など
　　　　　こわいもの　　いたたまれないもの　　せつないもの　　ほっとするもの

参考文献

『ダイアローグ　対立から共生へ、議論から対話へ』デヴィット・ボーム著／金井真弓訳、英治出版、2007年

『ダイアローグ　対話する組織』中原淳・長岡健著、ダイアモンド社、2009年

| 基本問題 | 第28課　ダイアローグ（対話） |

①

学　年	クラス	学生証番号	氏　名	検　印

応用問題	第28課　ダイアローグ（対話）
①	

第29課 プレゼンテーション

　社会生活においては、人と人との関わりが重要である。したがって、自己を正しく表現し、相手に伝える力が必要となってくる。その力を養うために効果的な手段がプレゼンテーションである。プレゼンテーションにおいては、相手に伝えたいことを明確にすることが基本である。

Ⅰ．プレゼンテーションの目的

　プレゼンテーションは、目的によって3つに分けることができる。

①報告——一般的に、仕事の内容、経過、結果などを知らせること。

②説明——報告した内容について、なぜそうであるのかを客観的に明らかにすること。

③説得——よく説明して、納得してもらうこと。

Ⅱ．就職活動の場合

①報告——履歴書・エントリーシート

②説明——①に対する面接での質問への回答

③説得——「ぜひ御社に入りたいです」と相手に伝えること

Ⅲ．トラブルが起こった場合

①報告——何が起こったのか。（受注商品を間違えて発送した）

②説明——なぜ起こったのか。（発送担当者の商品確認ミスで、1人で荷造りから出荷までの作業をしたため）

③説得——どう対応するか。（ただちに正しい商品をお送りした上で、今後は分かりやすい商品ラベルの貼付と2人以上での確認作業を徹底する）

Ⅳ．プレゼンテーション実践上の留意点

・自信と誠意を持って話す。　　　　　　・嘘を言わない。

・限られた時間の中で落ち着いて話す。　・豊かな語彙力で分かりやすく話す。

・課題を深く洞察する。　　　　　　　　・シンプルなプレゼンテーションを目指す。

・身なり、発声、間、表情、ジェスチャーに注意する。

Ⅴ．プレゼンテーションの手順

①課題の明確化

②聞き手の分析（年齢・性別・職業・人数・予備知識・求めていること）

③情報収集（自分で考える・人に聞く・文献やインターネットで調べる）

④アイデア、考察

⑤主張の明確化

⑥結論

⑦話の組み立て

⑧資料の作成

⑨リハーサル

⑩プレゼンテーション

⑪質疑応答

基本問題

① あなたはクラス旅行の企画を依頼されました。山と海のどちらかを選び、参加者を説得しなければなりません。下記の問いに答えなさい。

　(1) あなたがとる立場を選びなさい。

　(2) なぜそう思うのか、根拠、理由を羅列しなさい。

② ①をもとに、聞き手を意識して、主張を600字程度でまとめ、20字以内のキャッチコピーをつけなさい。

③ ②で作成した原稿を参考に、プレゼンテーションを実施しなさい。（持ち時間は2分）

メモ

		第29課　プレゼンテーション
基本問題（NO.1）		

① (1) あなたの立場：

(2)

② キャッチコピー：

（200字詰め原稿用紙）

基本問題（NO.2）　第29課　プレゼンテーション

②

300

400

500

600

学　年	クラス	学生証番号	氏　名	検　印

第**30**課　面接の作戦・自己アピール

　面接の目的　企業は、就職希望者の適性をみるため、履歴書などの書類審査を行ったり、筆記試験を行ったりする。しかし、就職希望者を直接みきわめる場は面接だけである。面接試験に合格するためには、多角的かつ周到な準備が必要である。

作戦1　企業の要求と自分の実力とを把握する：この場合の要求とは、企業に利益をもたらしてくれる人材を確保することであり、実力とは、企業に貢献できる能力のことである。

作戦2　自分の意志を企業にアピールする：そのためには、面接担当者によい印象を持ってもらうことが大切である。相手の顔を見て誠実に話すこと。

作戦3　他人から見た自分の「長所」と「短所」を的確につかむ：「短所」はよく聞かれる項目である。面接担当者に尋ねられたときは、短所を述べるのではなく、短所を語る形で長所をアピールすることが重要である。

　　　　　　例：「一度引き受けたことは最後までやり遂げなければ気がすまない性格で、そのためによく睡眠不足になります」→責任感が強いことをアピール。

作戦4　相手の印象に残る話のネタを用意する：これは奇をてらうことではない。「積極的な」「熱意のある」印象を残すために、自分の体験を具体的に説明できる準備をしておくこと。

作戦5　社会に出て活躍するために学生時代に何をやってきたのかを「具体的に」答えられるように準備する：卒業論文や社会的活動、資格とその取得理由を答えられるように準備しておく。

作戦6　人事担当者から「最後に何か質問は」と聞かれたときは、**必ず質問する**：「特にありません」では、消極的ととられるおそれがある。具体的な質問が思い浮かばないときには、面接担当者に「なぜ、このようなお仕事を選ばれたのですか」「お仕事で一番楽しかった（つらかった）ことは何ですか」などと質問してみるのも一つの方法である。

作戦7　300字相当で1分間PRの練習をしておく：相手に意欲的な印象を与えるための練習である。練習は何度も行うこと。鏡で表情を見たり、第三者の意見を聞くのもよい。

作戦8　平常の訓練：第一印象、明るく清潔感のある人が好まれる。身だしなみと立ち居振る舞いが重要である。落ち着いて、笑顔で対応すること。

　面接への準備　面接はテクニックではない。最終的に問われるのは、学生時代に身につけた実力である。常日ごろから社会のために何ができるのか、そのためには何を学び、何を習得すればよいかを考え、実践する必要がある。自己実現の仕方は、人によって異なっている。かりに、いくつかの会社に落ちたからといって、あなたのすべてが否定されたわけではない。失敗から何も学ばないで、途中で「あきらめてしまうこと」を「失敗」というのである。

基本問題

① 的確な自己紹介を行うために、次の項目についてそれぞれまとめなさい。

(1) 自分の長所　　(2) 自分の短所　　(3) 学生時代の勉強

(4) 社会的活動　　(5) 資格（一つだけ）　　(6) 特技（一つだけ）

② あなたは今、就職の面接にのぞんでいる。(1)〜(3)は面接担当者の質問である。それぞれの質問に対して簡潔に答えなさい。

(1) どうしてほかの会社ではなく、当社を受験されたのですか。（志望の動機）

(2) この会社でどのような役割を果たせますか。　　　　　　（仕事への意欲）

(3) 就職して対人関係をうまくやっていく自信がありますか。　（人間関係）

応用問題

① 前ページの解説文をふまえて皆の前で自己紹介をしなさい。持ち時間は1分30秒（600字程度）とする。

留意点：①持ち時間をきちんと守ること

②服装・姿勢・目線

③表情（真面目で明るく、好感が持てるように）

④声量（声が皆にうまく伝わるように）

⑤表現（わかりやすく、皆の共感が得られるように）

⑥内容（自分が関心を持っていることを的確に伝えること、ユーモアも必要）

平常心の実践

　面接試験に限らないが、試験会場に入ると、誰でも落ち着きがなくなるものである。独特の場の雰囲気に飲み込まれて、自分をなくしてしまうことが少なくない。また試験官も意地悪な質問をして、受験者の心を煽ってくる。敗戦は、自分に負けてしまうことが原因である場合が多い。自分で自分を煽らないこと、他人に煽られないことである。そのためにはふだんから平常心の実践をしておくこと。知識だけでは戦いには勝つことができないというのは、そういう意味である。静かに坐り、背筋を伸ばし、呼吸を整え、心を整える。頭の中を空っぽにして、自分の心の中を清浄な水のようにする。そうすれば、水の流れるようなさらさらとした気持ちになれる。そんな自分を回復する訓練も必要ではないかと思うのである。

基本問題	第30課　面接の作戦・自己アピール

①

(1)

(2)

(3)

(4)

(5)

(6)

学　年	クラス	学生証番号	氏　名	検　印

基本問題　　第30課　面接の作戦・自己アピール

②
(1)

(2)

(3)

応用問題（NO.1）　第30課　面接の作戦・自己アピール

①

（原稿用紙のマス目　100　200　300　400）

学　年	クラス	学生証番号	氏　　名	検　印

応用問題（NO.2）第30課　面接の作戦・自己アピール

①

500

600

700

800

著者紹介 （＊印は編著者）

＊丸山	顯德	花園大学名誉教授・日本国語国学研究所代表・文学博士
阿部	奈南	関西外国語大学短期大学部教授
笠井	昇	太成学院大学教授
軽澤	照文	奈良市立東登美ヶ丘小学校教諭
佐々木聖佳		甲南大学非常勤講師
下川	新	日本国語国学研究所研究員
匝瑤	葵	デジタル・ハリウッド大学講師
瀧本	和成	立命館大学教授
田尻	紀子	名古屋学芸大学教授
椿井	里子	花園大学文学部研究室員
野田	直恵	兵庫大学短期大学部准教授
秦	美香子	花園大学教授
原田	信之	新見公立大学教授
藤原	享和	立命館大学教授
三浦	俊介	立命館大学非常勤講師
宮川	久美	奈良佐保短期大学名誉教授
三宅	えり	佛教大学非常勤講師
吉村	始	金壽堂出版有限会社代表取締役・葛城市議会議員

キャリアアップ国語表現法　　　　　　　　　《検印省略》

2000年 4 月30日　第 1 版第 1 刷発行	2015年 3 月31日　十五訂版第 1 刷発行
2001年 4 月20日　改訂版第 1 刷発行	2016年 3 月31日　十六訂版第 1 刷発行
2001年11月10日　改訂版第 2 刷発行	2017年 3 月31日　十七訂版第 1 刷発行
2002年 3 月20日　二訂版第 1 刷発行	2018年 3 月31日　十八訂版第 1 刷発行
2002年10月 1 日　二訂版第 2 刷発行	2019年 3 月31日　十九訂版第 1 刷発行
2003年 3 月20日　三訂版第 1 刷発行	2020年 3 月31日　二十訂版第 1 刷発行
2004年 3 月10日　四訂版第 1 刷発行	2021年 3 月31日　二十一訂版第 1 刷発行
2005年 3 月10日　五訂版第 1 刷発行	2022年 3 月31日　二十二訂版第 1 刷発行
2006年 3 月31日　六訂版第 1 刷発行	2023年 3 月31日　二十三訂版第 1 刷発行
2007年 3 月31日　七訂版第 1 刷発行	2024年 3 月31日　二十四訂版第 1 刷発行
2008年 3 月31日　八訂版第 1 刷発行	
2009年 3 月31日　九訂版第 1 刷発行	
2010年 3 月31日　十訂版第 1 刷発行	編著者　丸 山 顯 德
2011年 3 月31日　十一訂版第 1 刷発行	
2012年 3 月31日　十二訂版第 1 刷発行	発行者　前 田　　茂
2013年 3 月31日　十三訂版第 1 刷発行	
2014年 3 月31日　十四訂版第 1 刷発行	発行所　嵯 峨 野 書 院

〒615-8045　京都市西京区牛ヶ瀬南ノ口町39　電話 (075)391-7686　振替01020-8-40694

© Akinori Maruyama, 2024　　　　　　　　　　　　創栄図書印刷・吉田三誠堂製本所

ISBN978-4-7823-0622-2

キャンパスライフ
—入学から卒業へ—

丸山 顯德 編著

高校生活から大学へ、また、学生生活から卒業後へ。新しい環境に慣れ、自己を見つめ、他者を思い、社会に出ていく手助けをする初年次教育テキスト。経験豊かな執筆陣によるコラムが充実しているほか、「チャレンジしよう！」として、柔らかい常識問題も収録。

Ｂ５・並製・96頁・定価（本体1400円＋税）

【内容】

嵯峨野書院